基于核心素养的
高中信息技术教学思与行

刘昱华 主编

东北师范大学出版社

长 春

图书在版编目（CIP）数据

基于核心素养的高中信息技术教学思与行 / 刘昱华
主编. — 长春：东北师范大学出版社，2023.6
ISBN 978-7-5771-0335-8

Ⅰ.①基… Ⅱ.①刘… Ⅲ.①计算机课－教学研究－
高中 Ⅳ.①G633.672

中国国家版本馆CIP数据核字（2023）第122122号

□责任编辑：石纯生　　　　　□封面设计：言之凿
□责任校对：刘彦妮　张小娅　□责任印制：许　冰

东北师范大学出版社出版发行
长春净月经济开发区金宝街 118 号（邮政编码：130117）
电话：0431-84568023
网址：http：//www.nenup.com
北京言之凿文化发展有限公司设计部制版
北京政采印刷服务有限公司印装
北京市中关村科技园区通州园金桥科技产业基地环科中路 17 号（邮编：101102）
2023年6月第1版　2023年9月第1次印刷
幅面尺寸：170mm×240mm　印张：15　字数：217千

定价：58.00元

编 委 会

序　言

PREFACE

当今世界科技日新月异，网络新媒体迅速普及，人们的生活、学习、工作方式不断改变，少年儿童成长环境深刻变化，人才培养面临新挑战。整个教育发展史表明，社会政治体制、经济体制的变革，以及生产方式、生活方式的重大变化，都将引发学校教育的重大变革。2017年，教育部在2007年普通高中新课程方案（实验）的基础上，正式颁布了普通高中新课程方案，做出了深化课程改革、落实"立德树人"根本任务的部署，提出了以凝练核心素养，推动落实以"立德树人"为根本任务的中小学学科教育改革。"学科核心素养"这一概念的提出标志着我国教育知识观的根本转变，它让各门学科课程由结果走向过程，让学生从掌握学科事实转向发展学科理解。

信息科技是现代科学技术的重要组成部分，走向数字时代的信息技术学科教育必须与时俱进，既要改变教育价值观，又要改变教育知识观。2022年4月21日，教育部正式颁布的义务教育课程方案中显著的变化之一就是把信息科技从综合实践活动课程中独立出来，从此我国基础教育阶段的信息技术课程有了完整的课程体系和课程标准。无论是义务教育还是高中阶段教育，信息科技课程都是以全面提升学生的信息素养、为未来培养具有数字化竞争力的公民为根本任务。课程围绕信息技术学科核心素养，精练学科大概念，吸纳学科领域的前沿成果，构建具有时代特征的课程内容。信息技术新的课程标准要求以信息技术学科核心素养为统领，基于学科大概念选择课程内容，分类规划课程模块，以突破课程内容工具化的局限，倡导以项目式学习和跨学科主题活动促进学生学科核心素养的形成。

　　面对层出不穷的新技术、新理念，走向数字时代的信息技术学科教育，站在时代浪尖的信息技术教师都面临巨大压力和挑战，在某种程度上甚至超过了其他传统学科。为强化新课程改革理念，贯彻落实新课标要求，切实把新课标的教育理念和基本要求落实到课堂教学中，各地教育部门纷纷组织中小学教师开展新课标的学习培训。江西省各市区教研室针对新课改，组织了多次信息技术学科培训。组织方通过问卷调查发现，广大基层信息技术教师迫切希望"学习新课标指导下的教学案例和教学方法""了解新课标精神""加入名师工作室促进专业发展"等，这些愿望集中在一起就是：如何让基于核心素养的教学真正落地？教师急需一本可以借鉴学习的参考资料来指导当前转型期的教学。

　　本书正是出于对上述问题的思考和探索，基于信息技术学科的核心素养，从一线教师的视角诠释新课标倡导的教育教学原理、教学思想和教学方法。本书上篇"教研悟得"是对信息技术教学研究的体验与思考，通过捕捉教育教学问题，认真研究分析，提出了解决问题的思路和方法，并把教育教学的探索与思考、成败与得失撷取下来。下篇"实践课堂"收录了编写团队精心设计的、原创的、基于新课标的高中信息技术课堂教学实践案例，就"如何落实学科核心素养"进行了有益的探索。其中有不少是优秀获奖案例，如《定制我的私人助手》曾获江西省STEAM教学案例一等奖，并被收录至全国中小学信息技术资源库（该平台由中国教育学会中小学信息技术专业委员会与华东师范大学教育信息技术学系共同创建）；《Scratch递归算法》曾获2019年江西省赣教杯高中信息技术优质课一等奖。

　　本书的编写团队阵容强大，主编刘昱华老师荣获江西省特级教师、江西省信息化应用学科带头人等多项荣誉称号，是江西省信息技术教育教学领域的先行者和专家，她从教近三十年，一直在一线从事中学信息技术教学、科研、学科培训等工作，有丰富的实践经验和理论功底。参与本书编写工作的均是经九江市教育局层层筛选、审核确定的信息技术学科优秀教师代表，其中有江西省信息化应用学科带头人（蔡宏丽老师）、江西省信息技术学科骨干教师（方志明老师）、九江市信息技术骨干教师（钱程、苏阳、李游等老师）、全国赛课特等奖段力宏、全省赛课一等奖何唯等老师，本书还得到江西省、市各级信息技术教研员的悉心指导。

教育的本质是一棵树摇动另一棵树，一朵云推动另一朵云，一个灵魂唤醒另一个灵魂。教育工作者的使命和任务最核心的部分是帮助学生成为身心健康，有着独特人生和幸福体验的人。对于信息技术学科教师而言就是要培养面向未来，有数字胜任力的公民。本书的编写团队正是致力于信息技术教育的一群基层教育工作者。这本书凝聚了全体成员辛勤教学、潜心研究的心血，映射出求真务实、不懈求索的教育品格。

江西省教育厅教学教材研究室副主任　杨　涛

2022年9月写于江西南昌

前　言

FOREWORD

在江西省九江市委人才办与九江市教育局的关怀与支持下，我们成立了由江西省特级教师刘昱华主持的九江市高中信息技术名师工作室，工作室成员都是经过市教育局层层筛选、审核确定的优秀中青年教师代表。本书记录了工作室团队多年来的所思所想所做，团队成员以独特的视角，探索新课标引领下的高中信息技术教学，诠释新课标指引下的中学信息技术教育教学原理、思想和教学方法。

全书分成上下两篇：上篇"教研悟得"是对面向核心素养培养的高中信息技术教学教研的思考与体验，按照"概论—教学设计—教学方法—教学评价"的主线进行撰写。首先是概论，概述了数字化时代对信息技术学科教育的要求，其次介绍了面向信息技术学科核心素养的教学设计，再次介绍了新课标倡导的教学方法，最后介绍了新课改理念下的教学评价。下篇"实践课堂"收录了团队成员基于新课标的高中信息技术课堂实践探索，融合了信息技术学科大概念——"算法"（案例一至四）、"数据"（案例十一）、"信息系统与社会"（案例六至十），还有选择性必修模块"人工智能"（案例五）的内容。教师就如何在日常教学中落实学科核心素养进行了勇敢尝试和深入思考。这些案例既有课时教学又有单元教学，既有必修模块又有选修模块，形式多样，内容丰富。这部分是全书的亮点和精华，虽然案例不完美甚至有些稚嫩，但最难能可贵的在于它们全部为原创，这充分体现了团队成员求真务实、不懈求索的教育品格，凝聚了他们辛勤教育、潜心研究的心血。

全书由刘昱华老师统稿，九江市教科所钱程老师审核。上篇"教研悟得"共七篇文章，其中"高中信息技术学科核心素养概论"由九江同文中学刘昱华老师撰写，"面向核心素养培养的高中信息技术教学设计"由都昌县任远中学方志明和九江同文中学李游、段力宏三位老师共同撰写，"基于STEAM理念的高中信息技术教学设计""基于DIKW视野的高中信息技术新课程教学"由都昌县任远中学方志明老师撰写，"高中信息技术项目式教学与合作学习"由都昌县任远中学方志明、九江三中苏阳两位老师共同撰写，"高中信息技术课堂情感教育"由九江同文中学胡萍老师撰写，"高中信息技术教学多元评价法"由都昌县任远中学方志明、九江市浔阳区外国语实验小学蔡宏丽两位老师共同撰写。下篇"实践课堂"收录了十一个原创课例，案例一是单元教学（共三课时），由九江同文中学李游老师设计撰写，案例二、案例五由九江同文中学段力宏老师设计撰写，案例三由九江外国语中学何唯老师设计撰写，案例四、案例六、案例七、案例八由九江一中郭朝霞老师设计撰写，案例九、案例十、案例十一由九江三中苏阳老师设计撰写。特别感谢江西省教研室副主任杨涛为本书作序，感谢江西省信息技术教研员徐凡老师对本书的指导！在此向所有为此书的撰写付出辛勤劳动和给予帮助的老师表示诚挚的感谢！

在此书成稿的过程中，九江市人才办、九江市教育局及九江市同文中学的领导给予了极大的关心和支持，在此一并表示衷心感谢！

由于编者水平有限，书中难免有不足之处，敬请批评指正！

刘昱华

2022年8月

目 录

CONTENTS

上 篇　教研悟得

下 篇　实践课堂

目
录

上　篇

教研悟得

高中信息技术学科核心素养概论

一、学科核心素养概念的诞生

"学科核心素养"（disciplinary key competences）这一概念诞生于20世纪初的工业化时期，这也是分门别类的学科知识迅猛发展的时期。所谓学科核心素养，即适应信息文明要求和未来社会挑战，运用学科核心观念，通过学科实践，以解决复杂问题的学科高级能力。该能力以学科理解或思维为核心，受内部动机驱使，贯串人一生的发展。但它成为时代发展的迫切需要，却是在人类进入21世纪以后，即在如今日新月异的信息时代。学科核心素养是"21世纪素养"的有机构成。

我国2001年课程改革确立了"为了每位学生的个性发展"和"为了每个教师的专业成长"的价值追求，这标志着我国基础教育价值观的根本转变，即由"工具主义"的应试教育观转向"人本主义"的素质教育观（张华）。这是课程改革第一阶段的根本任务。在深化基础教育课程改革阶段，党的十八大以来，为了体现信息时代个人和社会发展的新特点与新需求，党中央、国务院对深化教育改革做出了一系列重大决策，教育部做出了深化课程改革、落实"立德树人"根本任务的部署，提出了以凝练核心素养、推动落实"立德树人"为根本任务的中小学学科教育改革。教育部组织研究提出各学段学生发展核心素养体系，明确学生应具备的适应终身发展和社会发展需要的必备品格和关键能力，由此迈出了构建信息时代课程体系的重要步伐。

中国学生发展核心素养以培养"全面发展的人"为核心，分为文化基础、自主发展、社会参与三个方面，综合表现为人文底蕴、科学精神、学会学习、健康生活、责任担当、实践创新六大素养，各素养之间相互联系、相互补充、相互促进，在不同情境中协同发挥作用。为方便实践应用，将六大素养进一步细化为十八个基本要点，并对其主要表现进行了描述。根据这一总体框架，针对学生年龄特点进一步提出对各学段学生的具体表现要求。（表1）

表1　中国学生发展核心素养

三个方面	六大素养	基本要点
文化基础	人文底蕴	人文积淀，人文情怀，审美情趣
	科学精神	理性思维，批判质疑，勇于探究
自主发展	学会学习	乐学善学，勤于反思，信息意识
	健康生活	珍爱生命，健全人格，自我管理
社会参与	责任担当	社会责任，国家认同，国际理解
	实践创新	劳动意识，问题解决，技术运用

二、高中信息技术学科核心素养的内涵

学科核心素养是学科育人价值的集中体现，是学生通过学科学习逐步形成的正确价值观、必备品格和关键能力。高中信息技术学科核心素养由信息意识、计算思维、数字化学习与创新、信息社会责任四个核心要素组成，体现了中国学生发展核心素养的三个方面，即文化基础、自主发展、社会参与。它是学生在接受信息技术教育过程中逐步形成的信息技术知识与技能、过程与方法、情感态度与价值观等方面的综合表现。具体内涵如下。

（一）信息意识

信息意识对应学科核心素养中的"学会学习"，是指个体对信息的敏感度和对信息价值的判断力。具备信息意识的学生能够根据解决问题的需要，自觉地寻求恰当的方式获取与处理信息；能够敏锐地察觉信息的变化，获取相关信息，采用有效策略对信息来源的可靠性、内容的准确性、指向的目的性做出合理判断，对信息可能产生的影响进行预期分析，为解决问题提供参考；在合作解决问题的过程中，能够与团队成员共享信息，实现信息的最大

价值。

（二）计算思维

计算思维对应学科核心素养中的"科学精神"，是指个体运用计算机科学领域的思想方法，在形成问题解决方案的过程中产生的一系列思维活动。具备计算思维的学生，在信息活动中能够采用计算机可以处理的方式界定问题、抽象特征、建立结构模型、合理组织数据；通过判断、分析与综合各种信息资源，运用合理的算法形成解决问题的方案；总结利用计算机解决问题的过程与方法，并迁移到与之相关的其他问题解决中。

（三）数字化学习与创新

数字化学习与创新对应学科核心素养中的"实践创新"，是指个体通过评估并选用常见的数字化资源与工具，有效地管理学习过程与学习资源，创造性地解决问题，从而完成学习任务，形成创新作品的能力。具备数字化学习与创新素养的学生，能够认识到数字化学习环境的优势和局限，运用数字化学习工具开展自主学习、协同工作与知识分享，适应数字化学习环境，养成创新的习惯。

（四）信息社会责任

信息社会责任对应学科核心素养中的"责任担当"，是指信息社会中的个体在文化修养、道德规范和行为自律等方面应尽的责任。具备信息社会责任的学生，具有信息安全意识，能够遵守信息相关法律法规，信守信息社会的道德与伦理准则，在现实空间和虚拟空间中遵守公共规范，既能有效维护信息活动中个人的合法权益，又能积极维护他人合法权益和公共信息安全；关注信息技术革命所带来的环境问题与人文问题；对于信息技术创新所产生的新观念和新事物，具有积极的学习态度、理性判断和实施行动的能力。

三、培养信息技术学科核心素养的重要性与目标

（一）培养信息技术学科核心素养的重要性

1. 培养学科核心素养是信息时代教育数字化的需要

信息时代要求以数字化全面赋能教育，信息时代的教育是"未来中心教

育"。美国哈佛大学教授加德纳（Gardner）指出："人类明日之需要，以及我们今日对智能、脑和师生文化之理解，均呼唤与过去迥然不同的教育。这种未来中心教育，所需要的不只是掌握最重要的学科形式，更是灵活运用这些学科形式解决新问题、创造新思想的能力。"确实，教育不能把学生留在当下，更不能把学生送回过去，而是要带领他们开创未来。只有当教育将学科知识转化为学生解决新问题、创造新思想的能力即学科核心素养的时候，它才能带学生起向未来。

高中信息技术课程通过提供技术多样、资源丰富的数字化环境，帮助学生掌握数据、算法、信息系统、信息社会等关键学科知识，了解信息系统的基本原理，认识到信息系统在人类生产与生活中的重要价值，学会运用计算思维识别与分析问题，抽象、建模与设计系统性解决方案，深入理解信息社会特征，自觉遵循信息社会规范，在数字化学习与创新过程中形成对人与世界的多元理解力，负责、有效地参与到社会共同体活动中，成为数字化时代的合格公民。

2. 培养学科核心素养标志着我国教育知识观的根本转变

学科核心素养是党的教育方针的具体化，是连接宏观教育理念、培养目标与具体教育教学实践的中间环节，让学生从掌握学科事实转向发展学科理解。唯有转变知识观，才能让教学过程真正成为知识创造过程。党的教育方针通过核心素养这一桥梁，可以转化为教育教学实践可用的、教育工作者易于理解的具体要求，明确学生应具备的必备品格和关键能力，从中观层面深入回答"立什么德、树什么人"的根本问题，引领课程改革和育人模式变革，通过凝练核心素养，推动落实"立德树人"根本任务。

普通高中信息技术课程通过培养四大学科核心素养，全面提升学生的信息素养。课程围绕信息技术学科核心素养，精练学科大概念，吸纳学科领域的前沿成果，构建具有时代特征的课程内容；课程兼重理论性和实践性，通过丰富多样的任务情境，鼓励学生在数字化环境中学习与实践；课程倡导基于项目的学习方式，将知识积累、技能培养与思维发展融入运用数字化工具解决问题和完成任务的过程；课程提供学习机会，让学生参与到信息技术支持的沟通、共享、合作与协商中，体验知识的社会性建构，理解信息技术对人类社会的影响，提高他们参与信息社会的责任感与行为能力，使其成为具备信息素养的公民。

（二）信息技术学科核心素养培养的目标

核心素养是知识与技能、过程与方法、情感态度与价值观的综合表现（图1）。教师应凝练学科核心素养，厘清本学科教育对学生成长和终身发展的独特贡献，通过基于核心素养的教学，帮助学生形成必备品格和关键能力。高中信息技术课程通过培养四大学科核心素养，全面提升全体学生的信息素养。从时代需要和个人发展来看，信息技术学科核心素养就是要发展学生的数字化竞争力，突显学生的数字化生存与发展的基本能力。要使中国成为具有数字化竞争力的国家，基础教育就需要培养具有数字化竞争力的公民。

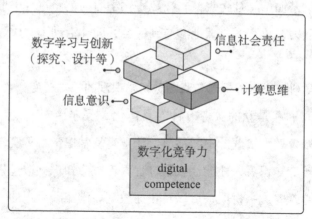

图1 信息技术学科核心素养培养的目标

四、走向信息时代的信息技术学科教育

教育数字化是我国开辟教育发展的新赛道，当前以发展学生的核心素养为目标所进行的基础教育课程改革标志着我国教育迈入了新时代——数字时代。运用学科观念，解决真实问题，促进学科理解，发展学科素养，这是数字时代学科教育的基本特征。此外，信息技术学科教育还有如下要求。

（一）让信息技术学科教育指向培养学生核心素养

教师要领会学科核心素养内涵，全面提升学生信息素养，让信息技术学科教育指向培养学生核心素养。

信息技术教学是培养学生信息技术学科核心素养的基本途径。通过信息技术学科教学发展学生核心素养，是信息技术学科教育的根本目的。围绕信息技术学科核心素养，精练学科大概念，吸纳学科领域的前沿成果，构建具有时代特征的课程内容，构建信息时代的学科教育，发展每一个学生的学科高级能力和人性能力，培养信息时代的新人，是我国教育发展的长远任务和目标。知识在创造中学习才能形成素养，技能在实践中使用才能化为能力。学生需要在学科创造中长大，而不是长大了才去创造。教学目标的确定要充分考虑核心素养在信息科技教学中的培养。每一个特定的学习内容都具有培养相关核心素养的作用，教师要注重建立具体内容与核心素养的关联，在制订教学目标时将核心素养体现在教学要求中。教师在教学中要紧紧围绕学科核心素养，以项目方式整合课堂教学，重构教学组织方式。本书策略篇的第二章将具体介绍面向核心素养培养的高中信息技术教学设计策略与实践案例，实践篇的教学案例都是基于学科核心素养进行的教学实践探究。

（二）培养具备数字素养与技能的公民

应通过大概念、主题式、体验性、综合化的教学，培养具备数字素养与技能的公民。

所谓大概念是指学科逻辑一定要适应学生认知水平的螺旋式上升，学科知识网络要避免割裂成独立的知识点，它们是相辅相成的。一个学期设计3~5个服务于立德树人大目标的主题，要有与时俱进的育人价值，使学科逻辑衔接大概念，使学生的感受符合体验性。要围绕主题展开体验；贴近学生，以学生为本；可以让学生走出教室，在教师的引导下开展各种各样的主动体验；通过这样的体验，学生可以建构知识、提升技能、内化素养。建构知识、提升技能、内化素养就是我们的教育目标，通过教育我们能让学生得到实质的素养提升。用综合化的思想训练学生，带领他们学会思维。通过课程学习，既培养学生的价值取向，又培养学生的技能应用，还培养学生的交流和协同能力，这就是纵向的综合化。综合化要关注交叉和复合，去知识孤岛化。在信息科技里，所有的知识之间都是相互掺杂融合在一起的。未来的核心能力就是数字化竞争力，即要培养有数字化竞争力的公民，这与高中信息技术新课标的目标是一致的。

（三）实现跨学科实践与生活实践的双向融合

应通过跨学科融合主题活动，超越固定知识体系，重构课程内容，实现跨学科实践与生活实践的双向融合。

多学科世界与生活世界的双向融合是信息时代学科课程的基本特征。基于学科核心观念，重建课程内容，是发展核心素养的内在要求。实现多学科世界与生活世界的双向融合，要以习近平新时代中国特色社会主义思想为统领，基于核心素养发展要求，遴选重要观念、主题内容和基础知识，设计课程内容，增强内容与育人目标的联系，优化内容组织形式；设立跨学科主题学习活动，加强学科间的相互关联，带动课程综合化实施，强化实践性要求；让每一个学科核心观念均与真实问题情境相联系，形成各种探究主题，帮助学生在主题探究的过程中运用学科核心观念，通过对主题的深度探究发展学科思维与理解；对每一个学科核心观念及相应探究主题，要根据学生不同年龄阶段的发展特点和需求进行纵向连续设计，使每一个学生的学科思维与理解能够前后相继、螺旋式发展。

一方面要让学科知识融入生活世界，让每一个学科核心观念与学生的生活世界建立起真实、内在和有机的联系。另一方面，需要强调生活的学科意义，让生活融入学科世界。日常生活世界中各种最普通、最熟悉的事物、现象、事件等，只有上升到学科观念去理解，运用学科思维去探究，成为学科观念这种"一般事物"的一个例子，它们才能变成发展学生学科核心素养的课程资源。信息技术学科教学根据学段和学生年龄特点，按照学生的认知特征和信息技术课程知识体系，围绕数据、算法、网络、信息处理、信息安全、人工智能六条逻辑主线，设置了不同的跨学科主题活动，重构课程内容，体现了循序渐进和螺旋式发展的特点。本书策略篇的第三章将具体介绍基于STEAM理念的高中信息技术教学设计的内涵、流程与意义，第四章将具体介绍基于DIKW视野的高中信息技术新课程教学。

（四）让信息技术学科教学基于学生的直接经验与真实探究

应通过项目学习，创设真实生活情境，让信息技术学科教学基于学生的直接经验与真实探究。

传统信息技术的教学方法是以教师为中心，通过语言、文字、演示的形式展开讲授的，学生则通过自己的感官听教师说，看教师做，再进行模仿。这就使学生（以及教师）的经验依附在别人的间接经验之上，由此导致的结果是，学生经年累月地接受、训练、掌握学科结论，但从未真正经历过这些结论的诞生过程，这对于学生的主动性和创造性是一种无形的压制。学生置身其中的真实生活情境是学生探究、理解、运用学科核心观念最好和最有意义的问题情境。信息时代重建信息技术学科教育的关键是让教学成为每一个学生真实的学科探究，让学科融入生活世界；将所有固定结论转化为真实的生活问题情境，让学生在直接经验的基础上亲身经历学科知识的诞生过程。

项目式学习是在建构主义的指导下，通过进行一个完整的"项目"工作而进行的实践教学活动。它以真实的或模拟的工作任务为基础，在问题情境中开展实践，让学生利用各种资源以及自身的体验，采取"做学结合"的方式，在探究和解决问题的过程中学习学科基本知识，锻炼解决问题的技能，培养学科能力，发展学科素养。项目式学习很大程度上还原了学习的本质，这种基于真实情境的学习能提升学生对信息问题的敏感性、对知识学习的掌控力、对问题求解的思考性。项目实施过程中，各种能力的综合也促进了学生信息技术学科核心素养的形成。开展项目式学习时，教师要创设符合学生认知特征的活动情境，引导他们利用信息技术开展项目实践，形成作品。因此，信息技术学科教学应把握项目式学习的本质，以项目整合课堂教学。本书策略篇的第五章将具体介绍信息技术学科中开展项目式教学与合作学习的概念、策略与案例。

小 结

数字时代的学科教育是崇尚学科理解、创造与实践的教育，一切知识、技能的熟练掌握都是学科探究与创造过程的副产品。面对经济、科技的迅猛发展和社会生活的深刻变化，面对我国普通高中教育基本普及的新形势，面对时代对提高全体国民素质和人才培养质量的新要求，每一个信息技术教师都需要与时俱进，不断提升，实现学科研究者与学生研究者两种角色的统一；每一个学生则都需要将学科学习转化为学科探究与创造，并由此发展核心素养。

面向核心素养培养的高中信息技术教学设计

一、高中信息技术学科核心素养培养的时代需求

（一）高中信息技术学科核心素养培养是学生个人发展的时代需求

核心素养是促进学生未来发展和形成关键品格及能力的重要基础。高中信息技术学科从过去单纯教授学生知识和技能转变为培养学生的学科核心素养，包括信息意识、计算思维、数字化的学习与创新、信息社会责任。当前我们处在信息时代，具备信息意识的学生能够根据解决问题的需要主动寻求获取恰当的信息，分析数据中所承载的信息，对信息可能产生的影响进行预期分析，以为解决问题提供参考。近几年，互联网、大数据、云计算、人工智能等新技术应用越来越广，计算思维已经成为这个时代人们需要具备的素质与能力。疫情加快了数字化进程，数字化学习资源和工具广泛应用于学生学习，具备数字化学习能力的学生能够适应数字化学习环境开展自主学习、协同工作、分享知识，这有利于学生终身学习能力的提高。科学技术都具有双面性，具备信息社会责任的学生，具有一定的信息安全意识，能够在现实和虚拟世界中遵守法律法规，能够成为数字化时代的合格公民。因此，高中信息技术学科核心素养培养是学生个人发展的时代需求。

（二）高中信息技术学科核心素养培养是国家和社会发展的时代需求

核心素养也是培养能够适应未来社会人才的重要条件。面对经济、科技的迅猛发展和社会生活的深刻变化，国家和社会已经掀起数字化浪潮，数字化已经深入工业、农业和服务业等各个领域。数字化经济的高速发展，需要符合新时代要求的高素质创新人才。高中信息技术学科核心素养培养倡导

以项目整合课堂教学，通过探究活动解决实际问题，同时创设数字化学习环境，提供丰富的课程资源引导学生自主学习。基于实际问题的项目式教学有利于激发学生学习的积极性，有利于培养学生运用计算机科学领域的维方法解决实际问题的能力。运用数字化学习资源和工具开展学习有助于学生提高终身学习能力和创新能力。这些核心素养都是培养创新人才的重要条件，所以说高中信息技术学科核心素养培养是国家和社会发展的时代需求。

二、有针对性地进行面向核心素养培养的高中信息技术课程教学设计

新课标的颁布，使核心素养的培养日益变得重要，而信息技术课堂教学作为培养学生核心素养的主要途径，需要教师有针对性地进行教学设计，这是培养学生核心素养的关键所在。

（一）教学准备与规划

1. 丰富教学资源

教学信息和资源是教育信息化的重点建设内容，想要保证高中信息技术学科的高效教学，就要丰富教学资源，优化教学设计，为培养学生信息意识奠定基础。信息技术学科与生活、社会等载体息息相关，教师在总结内部知识结构的基础上可以拓展到外部环境，从社会和生活中搜集相关教学资源，并将知识整理规划分享给学生，激发学生的求知欲和探索欲。在课堂教学设计中，教师可以利用情境创设的方法，以问题为导向设计课堂流程。例如，运用计算机绘制图形图案，引导学生回忆turtle库语法元素以及基本图形绘制等知识，并根据问题引导学生思考和操作；再如，让学生感受人工智能给我们的生活、工作和学习所带来的便利，利用丰富的资料和视频资源，拓展学生的知识结构和认知，从而激发学生的积极性，培养学生较强的信息意识。

2. 遴选教学内容

计算思维主要体现为学生在解决问题过程中所形成的自动化、模型化、形式化和系统化等思维。问题的设定需要教师结合课程实际情况以及学生差异化需求进行调整。例如，学生在针对特定任务进行需求性分析，并明确需

要解决的问题时，应当结合问题所需条件、因素和所具备特征，进行抽象处理，将问题和结果形式化，并结合信息技术基本算法进行分析，在理解和掌握教学内容的基础上，拓展计算思维。再如，学生面对较复杂的任务时，可以先将问题形式化，综合运用模块、系统等方式来解决问题，这种项目活动的设计就发挥了多元价值，能够辅助学生形成多层级的计算思维，并提高自身素养及实践能力。

3. 适择教学方法

教学方法的选择需要结合实际教学内容来决策，目前以学生核心素养为前提，应用最广泛，实践效果最强的教学方法包含合作学习法、小组讨论法以及问题导向法等。以合作学习法为例，合作学习模式是保障学生自主探究、合作交流的根本，符合新课标理念对高中教育教学的基本要求。高中信息技术教学应注重学生之间的合作与交流，同时教师要发挥主导作用，为学生创建生生沟通、师生沟通的合作学习大环境，并通过教学设计达到高效教学的目的。例如，在学习网站制作一课时，教师要以此章节主题为活动内容，引导学生将所学的章节知识相结合，从理论延伸到实践，借助信息意识和计算思维，逐步完善网站文本和音频、图像等要素，结合数字化工具完成网站制作任务，并在网站内进行交流与合作。此外，将合作学习渗透到评价环节，教师要设计文本分析任务，鼓励学生利用NVivo软件，对小组成员学习报告进行客观评价与分析，同时对自身作品进行反思与修改，以此增强学生的信息责任感。

4. 设计实践任务

数字化学习模式主要是以学生适应数字化大环境，搜集、归纳管理与创新数字化资源为核心构建的学习模式。数字化时代的到来更是推动了信息技术理论教育到实践演练的发展，助力学生树立数字化学习理念，增强数字化学习意识和自觉性。数字化为学生所带来的不仅有丰富的学习资源、多元的数字化工具和操作方法，还有特定任务前提下构建数字化环境的自主意识。教师在设计课堂教学任务时应当考虑学生数字化交互与学习状态的呈现，使学生能够自主对数字化资源进行遴选、对比、评估、管理和抉择等。例如，教师设计数字化游戏、开展主题作品展示活动等，让学生自主搜集可用信息，并处理、操作，利用数字化工具掌握资源加工和表述方法，进而掌握信息技术基础知识，有效开展数字化学习。

（二）课堂教学设计

1. 确定课程的知识目标、技能目标、情感态度与价值观目标

教学目标是课堂教学的核心，它明确指出学生在本节课中应该掌握哪些知识及其掌握程度。基于核心素养的教学目标是对三维目标的延伸。在教学目标中渗透核心素养的培养，细化三维目标，将核心素养和教学目标进行有效对接，既能为学生更好地学习提供指导，又能方便教师了解学生核心素养的具体情况，设计出合理的教学活动，提升教学效果。本研究中，教学目标分为知识与技能、过程与方法、情感态度与价值观三个层级，采用三维目标的形式进行描述，将其和信息技术核心素养对接，具体分析见表1。

表1 教学目标设计

案例主题	教学目标		信息技术学科核心素养			
			信息意识	计算思维	数字化学习与创新	信息社会责任
Python基本图形绘制	知识技能	turtle画图知识	1.信息的获取。2.对信息的敏感程度	算法思维	数字化工具的选择	1.信息安全。2.信息共享。3.遵守信息伦理道德、遵守法律，文明上网
		turtle库中的函数				
		语法元素分析				
	过程方法	turtle函数使用	1.信息的加工。2.对信息价值的判断能力	1.算法思维。2.概括思维	运用数字化工具进行学习并解决问题	
		Python图形绘制系列任务				
		网上查找资源并自主学习				

知识与技能目标：

（1）掌握turtle画图的基础知识：画布的设置、状态和属性以及绘图命令。

（2）了解相关知识点——turtle库中的函数，培养计算思维、信息意识。

（3）通过对"Python蟒蛇绘制"案例中语法的分析，培养算法思维。

（4）培养运用计算机解决问题的意识，养成严谨的逻辑思维习惯。

过程与方法目标：

（1）学习Python语言，熟悉turtle库中函数的使用，掌握计算思维的概念。

（2）通过完成Python基本图形绘制的系列任务，提高算法意识和能力。

（3）利用互联网查找所需资源并进行自主学习，培养数字化的学习能力。

情感态度与价值观目标：

（1）通过对"Python蟒蛇绘制"算法的分析，让学生体会计算思维的价值，感受Python程序的魅力，从而调动学生学习Python语言的兴趣和积极性。

（2）不同的搜索方式，使学生学会用信息技术解决实际问题，注重技术使用的同时注重计算机网络安全问题，提高信息意识和信息社会责任感。

2. 进行课程内容分析和设计、重难点分析、教学对象分析

高中信息技术课程的教学内容不同于其他课程，信息技术课程既有理论知识的学习，又有软件的实际操作，学生应利用所学的知识解决实际生活中的问题，如利用Photoshop软件可以更换证件照的背景颜色。新课标所规定的教学内容主要包括必修、选择性必修、选修三部分，具体结构如图1所示。假设选取的教学内容为必修中的模块1数据与计算部分，具体的教学内容为Python语言程序设计基础中的Python基本图形绘制，以Python蟒蛇绘制为例，对该案例中的语法元素进行分析，掌握各元素的用法，然后进行其他简单图形的绘制。

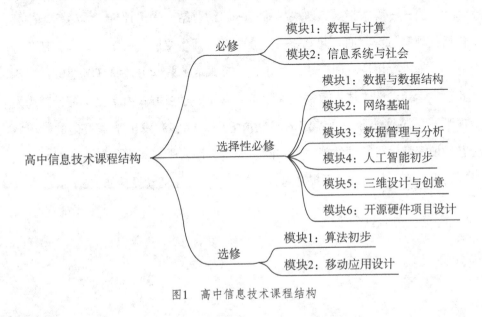

图1　高中信息技术课程结构

教学重点：计算思维的培养；turtle库语法元素的分析，包括绘图坐标体系、画笔控制函数和形状绘制函数等。

教学难点：对案例中语法元素的全面分析，培养学生Python编程思想。

3. 课前布置任务

根据课程内容布置学习任务；上网查找课程相关资源，自主构建知识框架，选择合适的软件或网络学习平台，汇总课程主要内容，如对数字化的工具及资源会选、会用，即"在学习过程中，能够评估常用的数字化工具与资源，根据需要合理选择；针对特定的学习任务，运用一定的数字化学习策略管理学习过程与资源，完成任务，创作作品；在网络学习空间中开展协作学习，建构知识"。简言之就是"会选、会用"，也就是根据需求选择与应用数字化设施、设备、软件、网络及资源。基于数字化学习的主要步骤为确定学习目标、选择工具、选择资源、展开学习。

4. 课中讲解、分组讨论和活动

教学本身就是教师和学生的双向互动过程。基于核心素养的教学内容丰富多样，教师根据不同的教学内容设计不同的教学活动，在教学活动的过程中传授知识技能、培养学生核心素养。研究中的教学活动包括教师活动和学生活动两部分。教师活动主要包括：案例展示，提出问题——讲授新知，师生交流——观察指导，解决疑难——归纳总结，做出评价；学生活动主要包括：观察思考，回答问题——温故知新，师生交流——小组合作，任务探究——学以致用，巩固升华。由于该研究采取的教学方法是任务驱动法，因此，教学活动的主体由教师变为学生，学生的学习方式由接受学习转变为发现学习。该教学方法在特定的问题情境中，能够激发出学生最佳的学习状态，加深学生对问题的理解，并能使学生运用所学知识和经验进行探究，解决问题、习得方法，不断提升综合素养。整个教学活动设计如图2所示。

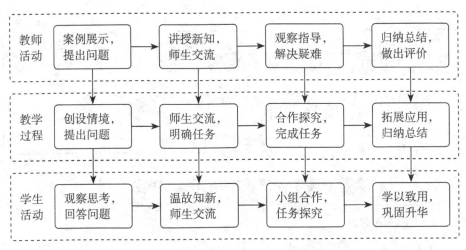

图2 整个教学活动设计

【教学反思】

教师引导学生进行归纳总结并对本节课进行评价。学生在教师的引导下进行总结归纳，巩固所学知识，完成任务。归纳总结能够帮助学生梳理本节课的主要内容，巩固升华加深对知识的理解和应用。

【课堂练习】

课后习题布置见表2。

表2 课后作业布置示例

作业类别	说明	设计意图	作业形式
基础作业	修改"Python蟒蛇绘制"代码参数	对程序参数进行修改，加深学生对代码的理解，为后面绘制图形做准备	
拓展作业	绘制一个风轮。其中，每个风轮内角为45度，风轮边长为150像素	在充分理解代码含义的基础上，完成风轮的绘制	
进阶作业	绘制一个八角图形	图形开始变得复杂，学生逐步掌握简单代码的编写，进而发展计算思维	

上篇 教研悟得

作业类别	说明	设计意图	作业形式
高阶作业	绘制一朵玫瑰花	图形较为复杂，水平较高的学生能够理解教师提供的源程序代码的含义，在理解的基础上使用程序进行实现，强化计算思维的意识	

三、核心素养下高中信息技术单元教学实践

（一）研究背景

1. 新时代

世界进入信息时代，信息技术人才受到广泛关注，社会需要的信息技术人才从知识技能型向具有高信息素养和创新能力转变。如何培养新时代的信息技术人才成为国家和社会面临的重要问题。为落实"立德树人"根本任务，发展素质教育，党对新时代的教育提出了新的要求：着力提升课程思想性、科学性、时代性、系统性、指导性，推动人才培养模式的改革创新。

2. 新课标

在新时代的新要求下，国家修订了普通高中课程标准，发布《普通高中信息技术课程标准（2017年版）》。该课标明确了高中信息技术课程的性质及基本理念，在课程目标的基础上凝练了学科核心素养，改变了课程结构和课程内容，研制了学业质量及评价方式，并提出了课程实施建议。

3. 新教材

在新课标的指导下，普通高中信息技术教材也更新了。笔者所在省份使用的是沪科教新版本教材，如《信息技术必修1 数据与计算》由上海科技教育出版社出版。教材的编写充分考虑新课标的要求，立足于核心素养的培养，立足于项目式教学，立足于学生主体。教材从生活经验出发引入单元学习内容，以项目为主线，明确学习目标；通过任务和活动引导学生开展学习探究；在项目中提供知识链接和数字化的学习资料，帮助学生搭建学习支架，引导学生主动建构知识；在项目后会设计拓展阅读或活动以延伸知识的广度

和深度，开阔学生视野；单元结尾设计单元挑战，既能作为学习检测也能培养学生运用所学知识和技能去解决问题的能力；最后进行单元小结，运用数字化的工具呈现知识结构，提供核心素养评标表让学生进行自我评价。

（二）研究问题

面对新时代、新课标、新教材，信息技术教师如何进行教学？采用什么教学策略培养学生核心素养？运用什么教学方法进行信息技术学科教学？如何设计课堂教学？本项目以沪科教2017课标版《信息技术必修1 数据与计算》中项目七《用计算机计算圆周率——设计简单数值数据算法》为例，探究核心素养下的高中信息技术教学。

（三）教学内容分析及课时安排

本项目主要内容结构分析如下。项目主题是用计算机计算圆周率，项目学习指引中安排了两个任务：任务1是设计算法实现用数学公式计算，用到知识链接中的"数值数据及其运算""循环结构的算法构建"和"实现循环结构的语句"，最后安排活动"使用沃利斯公式计算圆周率"；任务2是设计算法实现用随机投点法计算，用到知识链接中的"条件表达式"和"实现选择结构的语句"，最后安排活动"对比两种计算圆周率的算法"。

根据学科基本理念，教学内容自主拓展了体现时代性、满足多元需求的教学内容——"设计算法实现用贝利–波尔温–普劳夫公式计算圆周率"和"用计算机模拟随机投点法的投点图像"，以促进学生个性发展。

教学内容可安排2～3个课时。为使学生有充足时间完成任务2中的活动"对比两种计算圆周率的算法"和自主拓展内容，做好项目总结，特安排3个课时。课时安排如下：

第1课时：任务1设计算法实现用数学公式计算，包括知识链接"数值数据及其运算""循环结构的算法构建"和"实现循环结构的语句"、活动"使用沃利斯公式计算圆周率"。

第2课时：任务2设计算法实现用随机投点法计算，包括知识链接"条件表达式"和"实现选择结构的语句"。

第3课时：活动"对比两种计算圆周率的算法"、拓展活动"设计算法实现用贝利-波尔温-普劳夫公式计算圆周率"和"用计算机模拟随机投点法的投点图像"。

（四）教学目标及核心素养

1. 教学目标

本项目教学内容有如下教学目标：

（1）知识与技能：学会数值数据及运算、条件表达式，熟练掌握循环结构及选择结构的算法构建和实现语句。

（2）过程与方法：通过自主探究掌握项目基本知识和技能，从分析问题、描述算法、编写程序、调试运行等几个环节探究如何利用计算机计算圆周率，总结计算机编程解决问题的一般范式。

（3）情感态度与价值观：在分组探究的活动中对比计算圆周率的算法，感受计算机编程解决问题的魅力，激发学习兴趣，树立正确的科技价值观。

2. 核心素养

学科核心素养是学科育人价值的集中体现，是学生通过学科学习逐步形成的正确价值观、必备品格和关键能力。高中信息技术学科核心素养由信息意识、计算思维、数字化学习与创新能力、信息社会责任四个核心要素组成，它们是高中学生在接受信息技术教育过程中逐步形成的信息技术知识与技能、过程与方法、情感态度与价值观的综合表现。四个核心要素互相支持，互相渗透，共同促进学生信息素养的提升。本项目学业要求及核心素养分析如下：

（1）掌握数字化学习的方法，能够根据需要选用合适的数字化工具开展学习。（信息意识、数字化学习与创新）

（2）依据解决问题的需要，设计和表示简单算法；掌握一种程序设计语言的基本知识，利用程序设计语言实现简单算法，解决实际问题。（计算思维）

（3）亲身参与项目，完成任务，体会算法的魅力，激发兴趣，培养勇于攀登科学高峰的使命感和责任感。（信息社会责任）

（五）教学策略

如何实现教学目标，培养核心素养？信息技术教师如何进行教学？采用什么教学策略培养学生的核心素养？根据信息技术学科基本理念，信息技术教学要培育以学习为中心的教与学关系，在问题解决过程中提升学生信息素养，推动数字化学习与创新。因此教师在教学中要紧紧围绕学科核心素养，以学习为主、教学为辅，以问题为导向，以项目为主线，分解项目任务，组织探究活动，重构教学组织方式。

主要采用的教学策略如下。

1. 立足于核心素养培养

信息意识是指个体对信息的敏感度和对信息价值的判断力。在教学中，教师可以创设情境，引导学生主动将计算圆周率问题和信息技术关联起来；在合作探究中，鼓励学生与团队成员相互协作，共享探究成果；指导学生观察分析各种不同算法多次运行的数据，总结规律。

计算思维是指个体运用计算机科学领域的思想方法，在形成问题解决方案的过程中产生的一系列思维活动。在教学中，教师要创设情境，引导学生发现问题，分析问题，抽象特征，建立结构模型，运用合理算法，利用计算机计算圆周率问题，总结过程与方法，并迁移到新问题的解决中，如奇（偶）数和、斐波那契数列求和、十进制数转二进制数、九九乘法表等。

数字化学习与创新是指个体通过评估选用常见的数字化资源与工具，有效地管理学习过程与学习资源，创造性地解决问题，从而完成学习任务，形成创新作品的能力。在教学中，教师应提供数字化学习工具和资源，如Python IDLE、文档工具Office、思维导图软件、网络学习平台Python官网教程等，让学生开展自主探究、协同工作、知识分享与创新创造，提高学生终身学习能力。

信息社会责任是指信息社会中的个体在文化修养、道德规范和行为自律等方面应尽的责任。教学中教师应创设情境增加问题探究的趣味性，提高内容选择的时代性，让学生对比计算圆周率的不同算法感受算法的魅力，激发学生的学习兴趣，坚定学生的理想信念，增强学生科学技术探索的使命感和责任感。

2. 以项目整合课堂教学

杜威实用主义教育观认为，让学生在做中学，才能促使学生思考，构建有意义的知识经验。

基于项目的学习是指学生在教师引导下发现问题，以解决问题为导向开展方案设计、新知学习、实践探索等具有创新特质的学习活动。在开展项目研究时需要融合各种知识和综合能力，以利于培养学生的核心素养。

例如，项目七创设情境引导学生发现用计算机计算圆周率这一问题，探究不同算法方案，自主探究学习条件表达式、循环结构、选择结构等知识链接，在分析问题、设计算法、编写程序、调试等过程中锻炼学生问题解决能力，培养学生计算思维。

3. 加强学生探究性学习

教育心理学家布鲁纳主张以发现学习的方式建构学习者的学科基本结构，强调学习者学习探究过程和内在动机。建构主义学习理论认为学习者是以自身原有经验为基础来主动构建知识体系的，在教学中，教师可以通过引导或提供有效的学习资源搭建脚手架辅助学习者学习。

例如，项目七在知识链接和项目学习过程中，应以学习为主以教学为辅，加强学生探究性学习，激发学生学习内驱力，鼓励学生自主探究解决问题。在自主探究活动中，教师既能给予学生自由自主的学习空间，又能对个性化的问题提供及时的指导。在分组探究活动中，让学生发挥团队优势，在分享交流探究成果的过程中，可以培养学生团队合作精神，提升其信息社会责任。探究过程中的开放性和多样性，能调动学生学习积极性，也能生成更多创造性成果。

4. 创设数字化学习环境

"互联网+"正在深刻影响社会各个领域的行业生态，在教学过程中，教师可以创建网络学习空间，通过知识讲解、项目探究、问题答疑等方式，帮助学生解决问题。学生通过教师空间分享的学习资源进行自主学习，合作探究，并将学习过程和学习成果通过数字化的学习工具分享到自己的学习空间。现实空间与虚拟空间的结合有助于改善学生的学习方式，激发学生的探究欲望，与此同时，丰富了教师的教学手段，拓宽了师生互动交流的渠道。学生在亲历数字化学习的过程中，体验数字化环境对教育发展的影响，促进终身学习习惯的养成。

（六）教学方法

根据上述教学策略，主要运用以下教学方法进行教学。

1. 项目式教学

以"用计算机设计算法计算圆周率"项目为导向，以任务数学公式法和随机投点法为驱动，引导学生自主探究知识，激发学生学习的兴趣，培养学生解决实际问题的能力。

2. 探究式教学

学生通过自主探究完成基础知识"数值数据及其运算""循环结构""条件表达式""选择结构"等学习任务，培养自主探究能力；通过分组探究完成项目任务，用"公式法""随机投点法"计算圆周率，培养合作交流能力。

3. 数字化教学

创设情境，提供数字化网络学习资源，运用数字化学习工具，使用网络化学习空间，开展数字化环境下的教与学，既提高了学生的学习内驱力，也有利于培养学生的数字化学习和创新能力。

（七）教学设计及教学模式

根据教学内容和采用的教学方法，将本项目按3课时设计，教学设计大纲如下。

第1课时：

（1）创设情境：从视频开始引入圆周率的计算，通过问题——利用计算机求解圆周率、求解方法等层层递进，最终引入主题——利用计算机设计算法实现用欧拉公式计算圆周率。

（2）探究活动：自主探究知识链接"数值数据及其运算""循环结构的算法构建"和"实现循环结构的语句"，掌握项目实施所需基本知识。

（3）项目探究：分组探究项目，完成任务1"设计算法实现用欧拉公式计算圆周率"。

（4）拓展活动：合作探究活动"使用沃利斯公式计算圆周率"，从而巩固升华。

第2课时：

（1）创设情境：从实验开始引入随机投点法计算圆周率，提出问题，设计算法，实现随机投点法计算圆周率，引入主题。

（2）探究活动：自主探究知识链接"条件表达式""实现选择结构的语句"，掌握项目实施所需基本知识。

（3）项目探究：分组探究项目，完成任务2"设计算法实现用随机投点法计算圆周率"。

第3课时：

（1）创设情境：从问题开始，明确任务，即优化算法、对比算法、寻找其他算法、模拟随机投点法投点图像。

（2）探究活动：自主探究"优化数学公式法程序""优化随机投点法程序"，分组探究"两种算法的对比"。

（3）拓展活动：自主探究"设计算法实现用贝利-波尔温-普劳夫公式计算圆周率""模拟随机投点法计算圆周率时的投点图像"。

由以上3课时的教学设计大纲可总结归纳项目教学模式，如图3所示。

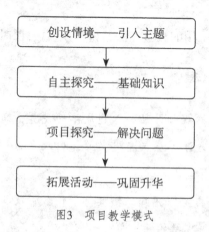

图3　项目教学模式

教师通过创设情境，引入项目主题或任务主题。学生在教师引导下开展项目实施所需基础知识的自主探究；分组合作进行项目探究，解决项目问题或完成任务；自主或合作探究拓展活动，巩固升华知识。

（八）教学效果

通过以上案例，进行教学理论和教学实践研究发现，采用项目式、探究式以及数字化的教学方法，在创设情境、自主探究、项目探究及拓展活动等环节的教学中，大多数学生学习积极、兴趣高，课堂氛围很好，能够掌握基本知识和技能，完成项目任务。这说明所采用的教学方法有利于提高学生学科核心素养。在今后的教学过程中，笔者将进一步探究高中信息技术的教与学，积极践行教育改革和教育创新，为培养新时代的创新人才贡献自己的力量。

四、利用VR技术培养学生核心素养能力探究案例

在的《普通高中信息技术课程标准（2017年版2020年修订）》中，提到三维设计作为一种立体化、形象化的新兴设计方法，已经成为新一代数字化、虚拟化、智能化设计平台的重要基础。三维设计方法的学习与应用，既有利于培养学生的空间想象能力，也有利于发展学生科学、技术、工程、人文艺术、数学等学科综合性思维能力。

（一）VR技术背景

习近平总书记在致2018年世界VR（虚拟现实）产业大会的贺信中指出，新一轮科技革命和产业变革正在蓬勃发展，VR技术逐步走向成熟，拓展了人类感知能力，改变了产品形态和服务模式。另外，中国也是VR产业中发展潜力较大的国家之一。

重温我国教育方法方式的历史，每当出现新型的信息技术手段时，很多教育专家都会探索该技术能否应用在中小学教育中对教育手段进行革新，从而促进我国教育的发展。近些年来，VR技术横空出世，作为一种创新性的信息技术，它的一些特性，如是强大的沉浸感，能把难以复刻的地震模拟环境，以震撼的三维场景生成在学生的视野中，它带来的真实感或许可以解决校园地震安全教育中的诸多问题。当VR技术融入教育和科研时，能有效地帮助中小学生理解、学习和解决部分挑战性问题。从新时代教育改革发展的方

向来看，合理利用VR技术一定会帮助教师突破和创新教学设计与内容研发等方面的问题与方法。

在教育技术应用领域，VR给教师教学带来了一条与传统教学不一样的途径：基于虚拟现实技术的学习体验以极强的代入感供学生学习体验，可以引导学生积极投入复杂课程的学习，通过交互深入理解概念，让教学更具吸引力。

另外，VR与教育融合发展有利于促进区域性教育均衡发展，让贫困山区的学生足不出户就可以通过VR回顾历史事件现场、到达虚拟的地理位置，身临其境地体验游学活动。VR可把不可能的世界展现在学生眼前，可以让学生身临其境地体验"上天揽月，下海寻蛟"，可以引导学生了解人类发展史上波澜壮阔的宏大事件和吃穿住行的细节。

（二）支持VR的相关教育理论探究

1. 建构主义学习理论

建构主义是通过皮亚杰、布鲁纳等人的早期主义思想的不断演变，最后与心理学交融而成的。首先，对于中小学生来说，建构主义理论认为学习的过程是学生主动构建知识的过程：把学习比作一种心理知识的构建，学习者不是把知识形成一种记忆，而是把原有的经验作为创建的基础，通过与外界互动形成一种新的理解。因此，在建构教育理论中，学习不是简单的通过教师口述，把知识传递给学生，更不是学生不自主思考（只是因为知识来源于教师，被动地去接受），而是学生（因为原有的知识经验不足）使用了教师提供的新的知识能够与外界互动，形成了主动传递知识的过程。其次，建构主义教育理论认为学习是通过学习基础构建新的知识、新的理解过程，也是学生通过自身经验来理解知识。

2. 认知主义学习理论

认知主义学习理论认为，学生与教师产生教学互动能够促进学生对整个世界的认知，这个互动绝不仅仅是教师口述，手把手教学生怎么去做，而是通过直接、更为感性的方法，让学生懂得如何通过已经掌握的知识，利用新的手段、新的思维去积极学习新知识。在认知主义学习理论中，学习效果提升的关键是过程而不是结果。VR技术就是这样一种可以去尝试的手段和思维。教师通过前期调研，了解学生当前已有知识的学情，在这个前提下准备好相应的VR教学资源。又因为VR技术应用本身的设计是人性化的，可以使学生在原有知识储备水平下使用它，可以促进学生与虚拟环境发生互动，从而学习新的知识。因此在认知主义学习理论指导下，VR技术对学生主动学习新知识有巨大帮助，也为本书提供了强有力的理论基础支持。

3. 行为主义学习理论

巴甫洛夫、桑代克等人是行为主义学习理论的代表人物，他们在行为主义学习理论中提出：当学习者面对外部环境刺激时，一定会做出反应，至于是什么样的反应，关键在于学习，因为所有行为都是后天培养的。对于未成年人来说，个人的行为和思想不单单是通过内心不断思考得来的，更重要的是外部环境，可以说外部环境决定了未成年人的行为和思维模式。当教师在教学过程中不断用言语、肢体语言或者对学生实行奖惩时，一定会刺激学生内心，但这依然是局部的刺激。行为主义学习理论更看重整体环境对教育的正向影响。例如，地震安全教育系统用VR技术就为学习者打造了一个整体外部环境，学习者通过新鲜的VR技术，获得真实的外部感知，并立即形成反馈，这个过程就会增强学生自身的学习动力。而且，传统的课堂一般来说教师的教学刺激是单一的、不可循环的，上完一节更多的反馈来源于作业和考试，但采用VR技术可以重复刺激学生，虽然说不一定能让学生者立刻提高考试成绩，但这种刺激或许会给学生带来一些思维上的影响。因此，本书的研究借助行为主义学习理论的指导。

（三）单元设计

1. 问题的提出

随着国家的高速发展和进步，现如今国家对于中小学安全教育的重视程度开始大幅度提升。但是安全教育涉及面广，并且现如今的安全教育传播方式主要是开设一些安全教育课程，这些课程主要是通过书本向学生传播安全知识。课本传播面过于单一，传播方式过于枯燥，导致现如今的安全教育传播效率较低。因此现如今中小学生对于安全知识的认知较弱是一个相对严重的问题。

2. 前期调研

我们通过教师访谈、学生问卷调查等一系列举措，了解学生学习需求。对中小学学生来说，兴趣是最好的老师，笔者发现大多数学生对VR有着浓厚的兴趣。虽然现在各大商场都出现过VR相关的体验设备，但体验一次多半价格不菲，并没有很多学生有深入的接触，所以VR课堂对于目前的中小学生来说依然是新鲜的课堂，学生对于VR课堂是好奇的、感兴趣的，是愿意参与进来的。但市面上的VR相关作品大部分都是营利性的，为了逐利，大部分体验都是游戏性质的，这和教育的公益性质是相违背的，所以作为教师，首先要自我鉴别出利于开展课堂教学的VR资源，然后摸索出一条适合教学的、规范化的VR课堂的道路。以VR应用于地震安全教育为例，在课堂导入部分，全方位感官体验模拟地震一定比传统视频或者图片带给学生的触动要大得多。但是需要控制好时长，点到即止，这一步是调动学生探索的主观能动性，而不纯粹为了玩。在接下来的活动探究中需要学生掌握的地震避险知识，一定要求学生通过VR自己探索、自我感知，这样学生在自我避险解决困难的过程中主动发掘问题，提高了自己解决问题的能力。这也与当地震真的来临时一定首先要学会进行自我保护的观点不谋而合。当然不是每个学生都有能力通过几次VR体验就能掌握所有的避险知识的。这时，教师的作用就凸显出来了，教师应当查漏补缺，收集所有学生的知识，并补充自己的观点，让学生既身临其境体验过地震，又经过教师的指点顺利通过关卡，收获满满。

3. 三维及VR设计与开发

围绕学生学习需求分析，笔者利用3DS Max和Unity 3D开发了一款应用于地震安全教育教学的VR模拟系统，硬件系统组成如图4所示。

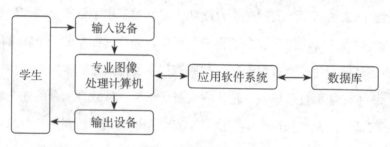

图4 硬件系统组成

三维动画运行流程如图5所示。

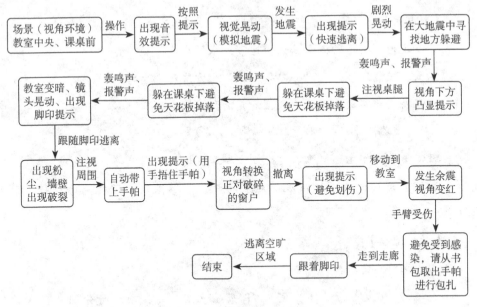

图5　三维动画运行流程

　　本项目主要面对的人群是学生，本地区学生对VR认知不足，大多数学生基本没使用过VR设备，所以作为全新的一种教学手段，安全性、便捷性和正确操作是学生自我探究学习的首要保证。诚然，弱化操作自然会减少互动性，但体验不是目的，教育才是目的。如何在地震中逃生才是学生应该学会的知识点。所以本系统仅仅使用射线触发，这样可以弱化操作，达到操作便捷这一目的，避免将大量的时间浪费在操作的讲解上。

　　该系统结合了地震逃生相关的知识点，也按照实际情况打造出了一条从教室逃生的完整路径，将会加深学生对知识的理解。原本在书本中的知识点会出现在虚拟世界中，在虚拟世界中会把知识从眼镜、耳朵传到学生脑海里，在课本中看到的都是静态的，然而在虚拟世界中学生可以360度进行观看，比起看课本这种方式明显要生动得多，对学习而言，这种方式也将会更加有效。

4. 教学设计与实施

教学设计实例如下。

【教学目标】

1. 知道地震灾害的概念，认识地震带来的危害。

2. 面对校园地震发生时，熟知基本逃生方法和逃生路径。

3. 在特定地震环境中做出合理的判断和选择。

【教学重难点】

教学重点：学生熟知基本逃生方法和逃生路径。

教学难点：面对不同情况的地震场景，能够做出合理的选择和行为。（基于VR）

【教学流程】

（1）课前准备阶段。

调试好VR设备，请学生完成VR头显试戴。（提前进行分组，10人为一组）

（2）提出问题。

让学生体验VR设备中的地震相关VR静态场景，引出问题：如果同学们在校园中遇到地震，该怎么做？

（3）学生分组进行自主探索。

查阅课本，进行网络检索、组内互相讨论、VR体验。

（4）分组展示。

每组选出一个代表对全班进行小组研究成果展示。

（5）教师进行评价。

教师对每组进行评价，最后做总结性评价。

（6）课堂总结。

课的结尾，教师应该与学生讨论校园地震发生时，应该及时采取正确措施，排除错误选择，紧急避险。

（7）对学生进行问卷调查，在当天空闲时间找部分学生访谈。

（8）教师进行教学反思，从学生访谈和问卷调查中了解学生自我评价。

【具体教学实施】

硬件方面：选用的是国产大朋VR头盔E3系列，学校目前只有三套，后又从校外借来3套，平均10人为一组使用一套，本次课程可以让每个学生体验一遍。

软件方面：主要是通过笔者开发的VR影片，以及从网络上下载的静态三维地震场景。

具体教学流程见表3。

表3　教学流程

教学环节	教师活动	学生活动	设计意图
创设情境导入新课（5分钟）	做好示范，教会学生如何操作使用VR头盔，请学生分组操作。在教室里观察每组学生的动向和进程，辅助不熟练的学生进行VR操作	组内按顺序体验VR。获得地震相关信息。等待体验的学生可观察正在体验同学的电脑屏幕	抓住学生学习新事物的兴趣和热情，也有利于接下来问题的展开。初次接触VR的学生一定不太了解操作，先做一个简单的静态体验，更有利于接下来的VR操作
提出问题引发思考自主探究（30分钟）	引导学生通过刚才的体验感知地震的危害是巨大的，在地震来临时紧急避险是极为重要的。请学生结合当地震发生在校园时，分析应该采取什么应急措施，有哪些危险是应该注意的。给学生提示，可通过翻阅资料、体验VR地震安全逃生系统、上网查找、组内讨论的方式获取问题的解答，并告知每组派代表上台展示探索的成果。观察每组学生动态，确保每个学生都能完整体验一遍VR。对操作不熟练的学生给予耐心指导，提醒围观学生不要打扰正在体验的同学，以免影响体验同学的沉浸感	思考老师提出的问题。开始组内进行讨论，组内使用VR设备，其他同学可观摩，可自行查找相关资料。收集组内各种意见，进行汇总整理	这是教学活动中最重要的步骤，只有通过学生亲身体会，才会加深他们对地震的真正认识，增强他们的安全防范意识，提升学生相关避险技能。学生分组既可以增强彼此之间的交流，提高团队意识以及协作精神，也可以共同得出团队智慧的结晶

上篇　教研悟得

教学环节	教师活动	学生活动	设计意图
学生分组总结（5分钟）	请每组学生选派一名代表进行分组总结。 观察并记录学生总结情况	进行总结，听取其他组别的建议	了解学生自主探索的反馈，可以使教师深度掌握学生是否习得相关知识
教师总结性评价课堂总结（5分钟）	教师点评各组学生在探索过程中的纪律维持情况和探索情况。 归纳当校园地震来临时会发生的各种情况应该如何防范，补充学生未收集的情况，并加以提醒	听取老师的总结束整节课的学习	再次复习相关知识，加深理解

5. 结论与反思

通过课后的学生学习反馈，笔者得到如下结论：

（1）实施基于VR的校园地震安全教育应该充分了解教学需求。

VR技术作为新兴的教育技术手段应用于地震安全教育，其实本质上还是教学资源与课堂生成之间的关系，因此在VR内容的选取上不应该草率，不经过教学需求的分析直接在课堂上使用，会造成师生更多关注于VR技术本身甚至是操作，而忘了目的是知识的学习，从而本末倒置。笔者认为VR内容之于课堂应该通过教学需求分析，结合实际教学情况进行选取、整合甚至是设计和创作。这样既能体现VR技术的优势，又能更好地结合现实课堂。

（2）满足教学需求的VR课堂对学生学习知识有非常显著的促进效果。

VR课堂是通过虚拟的教学方式去适应传统的教学理念，培养科技现代型人才需要的是一种全新的教学方式和教学理念，这种新型的方式是在一片新的未知领域中开辟的。虚拟教学是人类在虚拟世界中进行教学、育人。也就是在虚拟世界中包括虚拟的教室、虚拟的实验室、虚拟的课桌和教师等，在这种虚拟世界中进行讨论和学习。从狭义上讲，虚拟教学就是通过科学技术创设一个教学环境，将所需要学习的知识通过VR技术重现，让体验者在其中体会出来。这种虚拟环境内体验者能够通过虚拟世界的感觉、视觉、触觉来获取更多的知识信息。从理念上来讲，这种新型的教学方式符合新课改对教学理念的基本要求，符合以学生为教学主体单位，通过虚拟世界培养学生的学习能力、学习兴趣和思考能力的要求。新型教学方式能够使用科学的技术与传统的教育方式相结合，开阔师生的视野，并且教学的空间能够极大延伸，同时对资源能够有非常大的节省。从具体意义上讲，新型的教学方式突破了传统教学方式对资源、空间、场景的限制，弥补了传统安全教学的不足，同时能够让枯燥的课堂变得更加有趣，从而能够调动学生的主动性。

使用VR技术进行教学，教师能够利用仿真、模拟的方式进行教学，使得教学环境变得更贴近现实。使用VR技术进行教学，能够将知识的本质更加真实地展现，将事物的形态、运动轨迹进行虚拟展示，能够有效地训练学生的自主感受能力和自主学习能力，加深学生的理解和记忆，能够让学生更加熟练地掌握专业知识。

例如，在本次实验组课堂上，笔者感触最深的是很多从未接触过VR的学生在体验地震逃生的过程中会根据当时的虚拟场景，身体做出相应的反应，如蹲下，护住头部，这令围观的其他学生哄然大笑。笔者认为，这正是因为VR带来的这种深度沉浸感加深了学生获取相应知识的感知能力，可谓实践出真知。

最后，从计算机的发展史可知，随着技术的不断发展，VR硬件成本一定会进一步下降，而硬件的质量、可靠性、兼容性、便捷性一定会进一步提高。那么作为教育工作者的重点还应该挖掘满足教学需求的VR教育资源，且作为信息技术专业教师更应该带领学生研究VR原理、制作相关VR内容。这样更能发挥学生的想象力和创造力，最终得到学生需求分析，虽然这是一个漫长的过程，但是很有价值和意义。

在信息技术学科中，了解学习VR技术能够提高学生的信息意识和计算思维能力，使学生面对现实环境的难点，提出要解决的痛点，用信息的虚拟技术完成现实的信息目标，从而提炼出信息的价值。同时VR技术作为新兴的数字化学习工具，合理地利用VR资源，可以培养学生数字化学习和创新能力，而学生之于信息社会的责任也能增强，如在现实空间和虚拟空间中遵守公共规范，并以积极开放的心态，理性判断，参与共建，树立信息时代的价值观。

上篇 教研悟得

小 结

综上所述，高中信息技术课程教学设计主要依据课前重难点分析、课程设计、课前布置、课中讲解和课后小结等环节紧密展开，通过多元化的课程内容设计，逐步启发并强化学生的计算思维，最终使学生形成缜密的计算逻辑。

基于STEAM理念的高中信息技术教学设计

国家未来的发展需要以多方面的综合型人才为支撑，以提高我国的综合实力与全球竞争力。STEAM理念是融合科学、技术、工程、艺术和数学多学科的综合教育模式，能够为我国基础教育教学提供参考，为国家培养优秀的综合型人才。对于高中信息技术学科而言，教师应在遵循新课标以学生核心素养培养为要求的前提下，深度挖掘学科知识的关联性，通过多样化教育模式，为学生构建理想的多学科融合学习环境，借助STEAM理念促进学生的全面发展。

一、STEAM的内涵

STEAM理念最早是美国政府所提出的有关教育教学的倡导，目的在于培养学生的综合素养，为国家竞争力提升做出贡献。STEAM理念是科学、技术、工程、艺术和数学多学科融合的一种综合教育模式。STEAM理念有别于传统单科教育方式，更注重实践性和学科融合性，且符合当下我国素质教育发展趋势。在实践教学中，STEAM理念多以项目式学习和问题导向为主，以生活化和社会化大环境为载体，为学生构建学科关联的知识体系，引导学生通过多元化学科知识去解决问题或完成学习任务，以此提高学生知识应用能力和创新能力。当然，STEAM理念也适用于学生核心素养的培养：以独特的教学模式引发学生自主探究、合作交流，更快速地整理与拓展信息，潜移默化地培养学生的信息意识、计算思维、数字化学习能力以及信息责任感，为学生综合能力的提升提供条件。

二、STEAM理念在高中信息技术教学中的实践意义

（一）STEAM理念有利于促进信息技术课程改革

STEAM理念渗透到高中信息技术课程中，将使教学方案得以优化，教学方法逐渐调整与创新，教学过程更为严谨，使学科课程得以全面改革。用STEAM理念结合翻转课堂、项目式教学以及混合式教学模式，开展综合学科教育，以学生综合素养以及创新创造能力的培养为主核心，进行学科内容的融合调整和教学方式的不断创新，从根本上来讲符合新课程理念和要求，同时为基础教育改革及课程结构优化注入了新的力量。当前众多学者和研究人员更倾向于对STEAM理念助力学生综合能力培养方面的研究，缺乏对STEAM理念深化教育改革、优化课程教学结构的具体实践步骤和方略的研究，甚至学者们对STEAM理念的界定和主要作用的认知存在一定差异，这些都将限制STEAM理念在教育教学中的渗透与实践研究。虽然现实中STEAM理念在信息技术课程改革中取得了一些成果，但我们还需要不断研究与探索，以挖掘STEAM理念更多的价值，多方面融合与发展，为学生综合素养提升以及课程结构优化做出贡献。

（二）STEAM理念利于加强学科之间的联系

STEAM理念本身融合了五门学科，主张学生在学科综合学习中获得新知，项目式学习模式是STEAM理念下衍生出的有效学习方法，重在对学生知识学习与运用、技能掌握以及创新能力的培养，突出学科综合性教育的优势与特征。STEAM理念借助问题导向和项目式学习模式为学生构建学科融合大环境，通过技术、工程与艺术的参与，使学科内容融合，并将抽象的知识与工程技术相匹配，重视学生与学习内容的交互，引导学生发散思维，拼凑整合多学科数据信息，在让学生享受实践过程的同时，满足学生多学科或跨学科探索的需求。此外，问题解决能力是高中信息技术教学对学生重点培养的能力之一，STEAM理念将各科知识与技能融合，促使学生从更多角度的思考问题，尊重不同知识领域的规律，探索知识体系的完整性和统一性，在学习中提高创新创造能力，夯实学科知识融合运用的基础。

（三）STEAM理念教学有助于学生成为有用的受教育者、终身学习者，快速适应社会

STEAM教育要求学生基本了解学科领域的标准大纲，懂得何时以及如何将知识应用于特定情境中，成为有责任感的社会人。STEAM的课程构建适用于广泛的学习风格、能力以及各年龄阶段的人格类型；STEAM也在即时背景下，指导学生基于现实领域进行发现和发明，使学生能够在学科范围内创造出令人印象深刻的作品。

STEAM教育的终极目标是终身学习和整体学习。STEAM理念通过基础教育使科学、技术、工程、数学和艺术五大领域融合，使学习与现实世界相联系，从现实中发现问题并解决问题，培养学生动手实践的创造能力，使学生在过程中实现协作学习，培养一种终身学习的能力和意识。

三、STEAM理念下的高中信息技术教学设计流程

要将 STEAM 教育应用于课堂中，教学设计非常重要，在设计教学时需要考虑融合综合性、艺术性、开放性、实践性和多样性等。

（一）明确STEAM理念下高中信息技术的教学目标

STEAM理念下高中信息技术教学目标的设定不仅要符合新时期教育教学大背景以及新课标的总要求，也要符合学科教育现状，可从以下几个方面考虑。

1. 符合学习内容的综合性与全面性要求

STEAM理念本就代表学科综合，高中信息技术课程内容涉及面又较广，因此教学设计要重点考虑综合性内容的实践优化与调整，如学生解决问题中的难点、知识层次结构划分以及相关知识的匹配与融合等。同时，教学设计还要以学生能动性为目标，如通过知识融合培养学生哪一方面的能力与素养，在优化教学目标的同时通过实践使教学目标更易达成。

2. 明确学生需要具备的核心素养

高中信息技术的核心素养归纳为以下四点，即信息意识、计算思维、数字化学习和信息社会责任，而STEAM理念注重学科知识的相互融合，通过多

元知识串联、认知与运用，使学生解决问题的能力提升。因此教师对学科教学目标的设定需要了解学生单一核心素养培养需要的条件和要素，以学科融合为前提，拓展学生学习素材，并将多元学科知识渗透到学生核心素养培育的目标设定和实践过程当中，以此起到促进作用。

3. 重视教学方法背后学生思维能力的培养

STEAM理念与传统单一学科教育的不同在于，STEAM理念更加关注学生能力与素养的培养，通过引导学生实践操作和体验问题解决的过程，来培养学生在面对复杂的问题时所展现出的思维方式和知识应用能力。STEAM理念贯穿高中信息技术课程的全课程教学，教学方法的设定更倾向于生活化、社会化和科研化，因此实践中的STEAM理念会注重项目式学习和问题解决方法的应用，促使学生在解决问题和完成项目的同时，拓展和创新思维模式，提高实践能力。

（二）丰富和完善STEAM理念下高中信息技术教学的内容结构

STEAM理念主张跨学科教育，因此对信息技术课程内容的设定要求较高，在符合知识融合与匹配要求、规范的情况下，高中信息技术课程可以将相关的科学、数学和工程等学科内容进行全面整合与规划分类。教师作为教育主导者也要及时转变教学理念和特定思维，打破学科界限，深度挖掘学科相关的知识素材与要素，并设计科学合理的教学模式，以促进学科知识更好地融入、渗透与拓展。在选择教学内容的过程中，可从以下几点进行考量。

1. 综合性教学内容的深度挖掘

STEAM理念下高中信息技术课程内容设计要考虑教材内容和相关学科内容以及拓展内容三个要素，因此选择教学内容需要对不同领域知识和教材进行充分分析与梳理，对不同领域知识对学生综合素养及能力培养的效果都要进行深入考量，同时要以问题解决为导向，寻找相关学科知识的契合点，以此达到知识结构的整合与内容框架的优化设计。

2. 选择实践性较强的信息技术教学内容

新课标注重对学生学科素养及综合能力的培养，因此教学方法更倾向于实践操作，以为学生主观能动性的发挥提供契机。其中项目式学习更注重实际生活情境的创设，学生通过真实体验可以提高动手操作能力和思维创新能力等。例如，在"音频、视频和图像信息的采集与加工"的教学中，学生在接受学习任务的同时，会与生活相关联，从生活中寻找素材，自主尝试沟通与探索实践，进而在完成学科知识融合、思维创新任务的同时，提高自身知识运用的实践能力。

（三）优化STEAM理念下高中信息技术课程的教学流程

学生问题解决能力的培养，需借助真实素材，如生活和学习大环境，来增强知识的代入感和趣味性。教学流程构建应重点考量项目的开放性、复杂性和多元性，利用情境创设、问题导向及合作学习等方法助力信息技术课程教学。首先，教学流程要具备严谨性，满足学生知识学习与掌握、动手实践操作、参与问题解决以及获得知识体验的全过程要求。学生在参与学习与探究的过程，无形中也培养了思维创新与拓展能力。其次，教学流程设计要保证跨学科性，实现学生的合作探究。在项目式学习中，教师要以学生主体效能发挥为目的，为学生划分合作学习小组，并进行组内合理分工，引导学生基于STEAM理念主动参与到知识讨论中，使学生增强学科关联意识，以限定知识结构为基本拓展信息层面，高效且快速地完成项目式学习任务，同时通过团队合作培养了学生的团队精神和沟通与写作能力，提高了学生知识创新、融合与运用的能力。

（四）构建STEAM理念下高中信息技术学科多元化教学评价标准

教学评价是检验教学成果的有效保障，也是彰显实践性教学过程的终端流程，因此，STEAM理念下信息技术评价要保证严格遵循多层次性、多角度性的评价标准，并渗透到每一个教学环节当中，以期实现教学评价的贯穿性，培养学生自审、自查的良好学习习惯。首先，教师要以学习主体和教学主体为导向，构建生生评价、师生评价和师师评价的多元模式，并设定不同模式下的差异化评价标准，要求各参与主体遵循公平、公正原则，客观评价学习成果，实现多元动态评价的目的。其次，教师要从教学全过程入手构建评价体系：在项目式学习实施过程中，对前、中、后期学生的表现和学习状态等进行评价，激励学生自主学习与探索，并积极参与到实践操作中，实现

上篇　教研悟得

跨学科有效学习的目的。

四、STEAM理念下的高中信息技术课程设计指南

（一）依托项目进行指引教学

STEAM教育理念强调的教育核心就是学生的切身体验过程，要求加强学生的实际操作与动手能力，培养其创新精神。因此，教师应充分结合STEAM教育理念的优点，有效发挥其在高中信息技术教育中的推进作用，结合学生的思考经验及接受能力，利用学习案例及项目将其转化为有意义的教学内容。教师应从STEAM教育理念入手，选择教学项目，并遵循高中信息技术课程标准的基本要求，遵守一致性、可行性、科学性的原则，以教学项目的选择指引教学方向。

例如，在"美丽的房子"的教学中，教师可引入实际案例教学，以课本内容为基础要求，实现教学项目的选择及设计。首先，教师可组织学生分成若干学习小组，并指导其结合项目实际，考虑时间、层次、目标等因素设定内容，提出由讨论所得的制作美丽的房子的方案和制作过程。其次，教师要引导学生根据拟订的方案，结合实际情境与学习问题，动手制作美丽的房子，进一步培养学生的创造性思维。最后，在保证每一个学生都参与其中的同时，教师可让学生进行美丽的房子的成果展示，鼓励学生自主介绍和讨论成品，总结经验并反思不足之处。在这一过程中，教师依托项目形成独特的教学主题，实现项目活动指引教学，从而激发学生学习的积极性。

（二）依托跨学科教育理念，注重全面教育

作为培养学生综合素质的重要方式，STEAM教育有助于学生实现全面发展。一方面是因为受新课改的影响；另一方面是为了适应学生的发展，使学生更好地适应现代信息技术的迅猛发展及转变。教师应发挥STEAM教育理念在创新型教学实践中的有利作用，充分融合STEAM教育理念与高中信息技术教学，实现教育手段的优化，将学生的全面教育转化为学生的分析能力、独立思考能力、协作能力等。在案例教学中，会涉及多种不同的学科知识，此时教师可进一步融入跨学科思想，开展设计性主题教育，积极应用3D打印技

术、电子计算、学习共享等信息技术手段，为个性化信息技术教育奠定技术基础，对学生实操能力进行培养。例如，进行绘图学习时，教师可设立一个主题，引入美学、技术、科学等方面的内容，让学生自主学习并用绘图软件进行实践等，最后教师应对学生表现出来的能力进行充分挖掘，开发学生潜能，提高学生的科学探究能力。

例如，教师可组织一次关于动物的绘图主题课程。首先，教师可鼓励学生讨论自己喜欢或见过的动物，培养其发现、感受、展示美的素养。其次，针对不同动物的特征，教师可引入信息技术手段，激发学生思考如何实现绘图，以鼓励其形成自主学习与独立思考的能力。再次，教师可组织学生进行讨论，让学生自由发挥，画出自己心目中的小动物，并考虑不同问题应如何解决，鼓励学生积极讲解和交流。最后，教师应对学生的想法提出鼓励与支持，对存在的不足提出补充和思考。设立跨越多个学科领域的教学项目，不仅可以提高学生的学习积极性，有利于学生的全面发展，也对教师的专业知识提出了严格的要求，让教师的专业素质得到有效提升。

（三）创设真实情境进行延伸性教学，推行个性化教育

随着创客教育的不断成熟，STEAM教育平台在我国教育领域得到了较好的推广与应用，为教育提供了丰富的教学资源。该教育模式通过多样化教学资源的优化与整合，不仅打破了信息技术教育面临的僵局，还为学生的个性化教育提供了动力。因此，在实际教学活动中，教师要创设真实情境辅助教学，以便更好地实现教育目标，激发学生的学习兴趣。

例如，在讲解有关计算机科学的内容时，教师可灵活运用各类学科资源，使学生的知识储备量、软件技术与实践能力等得到有效提升。又如，教师可将教育向Scratch编程、3D打印及创客比赛等实践性的教学方式扩展，更好地帮助学生进行探索式学习，提高学生的创新能力。同时，教师可根据课程内容设置相应的实际场景，准备一些具有挑战性的实际操作作业或小比拼。例如，在进行编程软件的学习时，可让学生自由发挥完成一些题目，并解释自己的想法与思路，探寻更多的解决办法，随后教师应给予鼓励。真实场景的设置需保证每一名学生都能够参与其中，进而激发学生灵感，培养学

上篇 教研悟得

生的独立思考能力，使其形成多方位看待问题的基本思维，从而实现延伸性教学。除此之外，监考系统、云共享平台、电子书包等信息技术手段的出现与应用也为高中信息技术个性化教学带来了新的动力，有利于教师全方位掌握学生学习情况与阶段成果，使各教学项目的施行与开展更加有效。

小 结

综上所述，STEAM理念是融合多学科所展开的教学模式，具有跨学科性和知识层面拓展性的特征。STEAM理念强调教学实践要以多元学科知识的系统整合，以及学生解决问题时多科学知识的匹配运用为导向，充分设计课程教学体系、内容、方法与模式，以此保障学生在完成项目式学习任务和解决问题的过程中，形成自主探究与学习的习惯，创新思维模式，提高学科素养及知识技能。

基于DIKW视野的高中信息技术新课程教学

DIKW层次模型以独特的关联性和转化性，将数据、知识与信息进行相互转化和链接，帮助学生形成知识链和层级结构，满足新课标理念下教育教学总要求，同时辅助教师实现高效教学的目的。

一、DIKW模型的概念及特征

高中信息技术学科较强的实践操作性能引发学生对知识探索的欲望，强化学生的计算思维，但在实践中，学生缺乏连贯性知识的储备与运用，使数据信息混乱而固定。DIKW模型正是可以突破这一难题，实现新课程教学实践的有效措施，因此将DIKW模型应用到课程教学中更有利于教师对教学成果的把控，有利于学生知识结构的快速组建与关联，进而实现提升学生综合素养的目的。那么如何有效运用DIKW模型，更有效地落实信息技术教学呢？我们从以下几个方面进行详细分析。

（一）DIKW模型的概念

DIKW是一种层次模型，在知识构建的基础上，可以将数据、信息、知识、智慧等要素之间的转化步骤及相互关系汇集为金字塔层级模式，更直观地呈现出来。其中所汇集的层级之间上一层比下一层被赋予了更多的特质，原始数据在得到转化后，对未来发展方向以及知识的应用也有了更为深刻的影响。DIKW模型能够将知识数据进行内部转化和外部连接，使学生能够形成特定的知识逻辑，从而形成"牵一发而动全身"的知识结构系统，促使学生通过一组知识点延伸到其他相关的知识点，以知识向智慧转化的过程，来培

上篇

教研悟得

养学生的创新思维和数字化学习能力。

（二）DIKW模型的特征

DIKW借助大数据背景和数字化模式等优势，实现数据、信息、知识与智慧的有效转化，使学生自主构建完善的知识结构，形成严谨的知识逻辑。其中DIKW模型运行流程可分为三步：第一步是深入了解和分析各数据之间的关系，对文字、符号、数字和图像等数据进行分析、解读与转化处理，形成有意义和价值的信息；第二步是将数据加工、过滤形成信息的集合起来，即知识；第三步，在对知识深刻理解以及结构组建的过程中，逐渐将其转化为智慧。那么从全局看DIKW具有层次性、创新性、实践性和个性化等特征。其中，层次性通过DIKW将知识进行分解排层转化并进行层次教学，以提升教学效率。创新性是对教学方法的创新，以适应DIKW模型及新课标实践要求。实践性是基于信息技术学科特征，将抽象知识转化为具象知识的过程。个性化主要是指DIKW模型在遵循信息技术学科实践操作性特点的基础上所创建的独特教学模式，可以促进教学水平的全面提升。

二、DIKW视野下的教学实施意义

DIKW模型中的数据、信息、知识和智慧是逐渐递进的。从数据到信息的转化主要呈现数据间的相互联系，从信息到知识的转化呈现的是信息间的相互联系，而从知识到智慧的转化则重在理解和应用知识原理与法则解决现实世界的问题。

（一）形成信息技术新课标内容结构的知识体系

新课标理念下高中信息技术学科内容已进行了全面改革与调整，在以培养学生学科素养为核心的视域下，遴选科学严谨的教学方法，是确保理论落地实践的有效方略。实践中教师与学生的高度配合，不仅为高中信息技术新课标内容结构的科学性建设提供了条件和机会，更为多元教学方法的实践操作提供了契机。DIKW将数据、信息、知识和智慧四要素分析、加工并组建成严谨的层次逻辑结构，使知识与思维落地，不仅为教师新课程教学方案的设计提供了参考，也在满足新课标总要求的基础上，促进了学生综合能力与核心素养的提升。因此，对于新课标下的高中信息技术学科来说，DIKW模型在实际教学中的渗透与应用，使学科形成了健全而创新的知识体系，为新时期信息技术教学的创新与拓展奠定了坚实的模型基础。

（二）促进信息技术新课程思维的可视化

新课标理念下学生信息意识、计算思维、数字化学习和信息责任都被定义为高中阶段信息技术学科的核心素养。在实践教学中，教师也更加注重数字化学习环境的构建，而此过程中数据、信息与知识的呈现与转换需要借助DIKW模型进行有效识别、整理与加工、传播等，通过挖掘数据中可用的信息、资源，从而形成具有层次性的结构化知识体系，便于学生更好地借鉴与运用。而DIKW模型的运作也可以借助思维导图和认知地图等数字化工具来使学生的思维可视化，辅助学生形成创新性计算思维和数字化学习习惯。当然，DIKW模型在数据分析、整理与转化过程中必然使信息发生逻辑与结构的转变，学生在接受的同时，思维会得到全面拓展，进而借助数字化工具进一步解读与理解，更自主地探索数据与信息背后的价值和拓展出的知识点及知识结构。DIKW模型的运作使信息技术新课程教学更具层次性和实践性，学生达到智慧层面的学科思维更可视化。

三、DIKW视野下的教学实施策略

当前，DIKW模型教学已成为高等教育部门进行信息教学的主要模式，促进了我国信息技术教学的发展。在进行这种模型教学时，采用合适的策略可推动教学效果的进一步提升。

（一）提高新课程教学设计的精准性，以DIKW统领全局结构

教学设计是每个科目课堂教学的前提与核心，在模块分化的背景下，高中信息技术学科教学设计需要根据学科内容进行层级分化，借助数字化工具和科学的设计方法实现模块学习目标的设定。而教学设计中教学环境、教学流程、教学方法，以及教学评价和教学目标等都是重点构成要素，所以在规划和设计中不仅要考虑新课程的教学要求和标准，还要考虑DIKW模型的基本原则和特征，使学科方法、核心素养培养目标以及各要素设计都能够在实践

中更好地运作与落实，从而提高新课程教学设计的精准性。例如，模块设计部分包含数据与信息、数据处理与应用以及算法与流程实现三大部分，每部分延伸出相应的教学内容，而具体教学内容和新课标要求两方面的教学设计相互融合、相互促进。其中，模块学科方法设计涵盖数据采集、分析与可视化方法、算法和程序方法以及信息整理与划分方法等。模块技术工具则包含数据采集工具、数据分析与可视化工具、程序设计工具和思维导图工具等，对应的流程方法自然需要匹配对应的工具，形成以DIKW统领全局的结构模式，可以为高中信息技术高效教学提供保障。

（二）创新教学方式，丰富教学内容，内化知识信息

教学方法的设计与教学内容的调整自然离不开大环境的支持与要求，其中DIKW作为导向性引导模型，在教学内容设计中要结合模块信息来进行。例如，数据处理与应用模块在涉及教学内容时可以填充认识大数据、大数据的采集与分析，拓展出大数据处理的可视化表达，此内容结构对应新课标的知识理解、信息感知与描述以及信息体验与感受等，DIKW可以将此内容进行分层、整理与规划，使知识信息具有内化意义。此外，教学方法要以培养学生知识逻辑、核心素养，提高信息技术课堂教学成效为核心进行创新性调整。例如，利用情境教学法，用课内外延展数据信息进行教学设计，激发学生的求知欲和信息意识；再如，运用问题导向法，拓展学生思维，结合DIKW模型所构建出的信息结构，引导学生形成计算思维，提高自主探究能力。

（三）构建高中信息技术教学评价多元模式

教学评价是教学设计目标及教学流程实践成果的呈现，是判定教学水平的依据和根本。因此，教学评价需遵循相应的条件与要求，保障评价的公正性与合理性。首先，基于新课程标准，要对高中信息技术学科的教学目标与核心进行定位，保证教学评价与教学目标相符。其次，要结合信息技术理论和实践两个层面制定双向评价指标，综合检验学生在DIKW模型渗透下，理论知识的掌握情况、计算思维的培养成果以及数字化学习的实践操作效率等，从而使信息技术信息与知识的意义被内化，使评价更具科学性和公正性。评价模式自然应符合新课标总要求，凸显以学生为主体，对此教师应构建师生

评价、师师评价和生生评价等模式，使学生在参与教学评价的同时，接收来自各方主体的客观评价，进而构建知识与智慧的转化层面，通过调整知识结构认知，来提高学科素养及实践能力。

四、基于DIKW模型的信息技术智慧教学

DIKW模型是数据（data）—信息（information）—知识（knowledge）—智慧（wisdom）的简称。数据与信息是DIKW模型所衍生出的第一层模型，与之有关的教学内容涉及每一个层级，其中数据具有符号的特性，对符号赋予相关的情境，信息通过大脑相关处理，将变得结构化、层次化、具体化。因此，在实践操作中，教师首先要为学生创设自主探索与学习的大环境；其次要引导学生运用数字化工具，自主挖掘各类型数据中的信息价值，并拓展思维构建与之相关的数据库；最后借助DIKW模型将数据转化为有用的信息及知识，培养学生计算思维、数字化学习能力。基于此，在教学过程中从数据—信息的角度出发进行教学设计，可以促进学生吸收相关领域知识。

原来的高中信息技术课程整体框架设计，是从信息的获取到加工，再到使用信息技术进行恰当的信息表达，逐步地培养了学生的信息素养，促进学生将信息的获取、加工和使用自然地应用在实际的生活和学习之中。而现在的新教材则从数据的认识与结构化加工处理，到使用编程来解决生活中的实际问题，进行计算机程序算法的训练。在代码工具的使用过程中，从简单命令到脚本处理，再到程序设计，进行计算思维能力的训练，注重培养信息技术学科四大核心素养。比如，高中必修一《数据与信息》这个单元的教学重点是感知数据与信息，帮助学生理解数据、信息与知识的关系，认识到数据对人们日常生活的影响，知道数值、文本、声音、图像等各类型数据的基本编码方式，针对具体任务，体验数字化学习过程。

除此之外，DIKW使数据、信息与知识呈现可视化特征，因此学生在参与信息技术课程教学的过程中，会自主形成信息沟通、拓展与交流、运用的形态，体验知识的前端转化，随着对数据与信息的深度挖掘，使知识结构更加完整，并在后期实践操作与评价中转化为智慧，这不仅凸显了DIKW模型的作

用与价值，更促进了学生综合能力的提升。DIKW模型依托自身要素转化及可视化优势，能够帮助学生更好地理解数据、信息与知识、智慧的内在联系，并展现要素之间相互转化的过程，让学生在掌握知识的基础上，将其转化为智慧应用到实践操作当中，以提高核心素养与技能。

小 结

总而言之，新课标理念下高中信息技术教学应当以学生为主体，通过遴选合适的教学方法，实现学生的自主探究与学习，达到帮助学生知识储备、论证和科学应用的目的。因此，DIKW模型在高中信息技术新课程教学中的应用必然可行，教师要遵循一定的规律和原则，注重方法的创新与内容的完善，辅助DIKW模型在教学中发挥最大的价值。

高中信息技术项目式教学与合作学习

一、高中信息技术项目式教学

（一）项目式教学的概念

基于项目的学习（Project Based Learning，PBL）最早是由哲学家杜威的学生克伯屈（Kilpatrick）提出的。他于1918年在《项目（设计）教学法：在教育过程中有目的活动的应用》一文中明确了项目学习的思想是让学生通过实际活动去学习，他认为知识只有通过行动才能获得。克伯屈的文章涵盖了杜威的"问题解决法"和"做中学"两种观点：先创设问题情境再由学生去解决问题，要在教师的具体指导下师生共同完成项目。教育部颁布的《普通高中信息技术课程标准（2017年版）》提出，运用项目式学习，围绕高中信息技术学科核心素养，精练学科大概念，吸纳学科领域的前沿成果，构建具有时代特征的学习内容；倡导基于项目的学习方式，将知识构建、技能培养与思维发展融入运用数字化工具解决问题和完成任务的过程。

（二）高中信息技术课程项目式教学策略

项目式学习是指学生在教师的引导下发现问题，以解决问题为导向开展方案设计、新知学习、实践探索等具有创新特质的学习活动。项目式学习很大程度上还原了学习的本质，这种基于真实情境的学习能促进学生对信息问题的敏感性、对知识学习的掌控力、对问题求解的思考力的发展。在项目式教学的实施过程中，教师基于真实情境进行项目范例展示，引导学生开展项目设计。学生汇报、展示自己的方案，一定程度上进行交流讨论，从而验证项目的可行性。教师可以从项目成果、呈现方式、实现技术等角度，提出项目调整的意见。学生根据自拟项目方案实施项目，结合项目需求，利用教师提供的资源，开展新知识的学习，最终解决问题。教师可以运用多种评价手段，促进学生学习，以促进教学的开展，如激励式评价方式、总结性评价方式、评价表等。

（三）项目式教学案例

项目式教学是新课改后的模式，教学方法跟以往完全不同。数据和信息这两大概念是整本新教材的基础，所有的课程都围绕这个基础展开，因此要学好后面的课程，基础非常重要。本章以《探秘鸟类研究——认识数据、信息与知识》作为项目式教学探索的案例进行介绍。

首先，需要做的是把知识点融入项目式教学。一开始，笔者尝试在课程最初播放视频，让学生了解什么是观鸟，以及获得数据的形式有哪些；之后让学生自己制作PPT介绍一种鸟，感受数据和信息；最后讲解数据和信息的特征，以及数据、信息和知识之间的关系。但是课堂效果并不理想，学生制作时间短、PPT粗糙，并不能从仓促的制作中理解和感知数据信息。以教师为主的讲解，也让学生听得云里雾里，不能理解和记住其特征。仔细翻阅了教师用书，并在网上查看多节精品录像课，再结合其他信息技术教师的意见，笔者将之前的教案全部推翻，重新设计：从课堂导入开始就贴近学生生活，讲某购物平台的"猜你喜欢"、错题本的分析，从而引出数据是无处不在的。之后笔者让学生从观鸟的视频中得出数据获得的方式，开展第一个学生活动，即请学生填写观鸟报告中得到的数据以及从数据中获取的信息。从观鸟报告中获得第一个知识点，理解什么是数据、什么是信息，为后面学习数据与信息的特征打下基础。然后笔者发挥学生在自主学习中的作用，请学生先自行阅读课本上相关内容，再请学生打开活动2中的观鸟数据调查表，观看这张表。结合之前看的相关内容，回答此表由多名工作人员共同完成，但大家都可以使用这张表，这反映了数据和信息的哪些特征。学生都能很好地完成活动并回答问题。笔者从观鸟这一活动引出课程中的重点和难点，可以很直观地让学生理解，内容变得有趣，课堂也丰富起来，不再枯燥无味。

其次，在项目式教学中，一个项目的教学需要2~3个课时完成。在完成

第一课时后，可以把第二课时的内容当成课后拓展内容：教师请学生在课后制作一份PPT，详细讲解一种鸟类，表现形式可以是文本、数值、图形图像、视频等。在下次课的时候请学生来讲解。资料参考包括中国观鸟记录中心、百度等。这样，我们在下次课的时候就可以根据学生制作PPT的数据信息来源，引出大数据的内容，以此来完善项目式教学。

在本堂课中，第一个难点是如何在项目式教学中有效地进行学生活动。第二个难点是如何在活动中让学生实现自我学习为主，教师讲授为辅的目标，让学生能自己总结归纳出教学重点。

在项目式学习的过程中，学生是项目的设计者、实施者和成果推介者，教师是学生项目设计和实施过程中的引领者和咨询者。在教学中，教师应淡化知识的单一讲解，鼓励学生通过自主探究解决项目中的问题，并在解决问题的过程中整合知识，促进思维发展。项目式学习既能调动学生学习的积极性，激发学生的学习兴趣，也能引发更多生成性的个性化问题。学生能在有趣的课堂活动中体会晦涩难懂的知识，并能将其反馈到生活中去，这正是信息技术课的意义所在。

二、高中信息技术合作学习

（一）合作学习的概念与教学策略

2017年版新课标的发布为高中信息技术课程教学提供了全新思路，要求教师在重视教学质量提升的基础上，突出"以学生为主体"，运用科学创新的教学方法引导学生自主学习与探究，挖掘学生合作学习潜能，并改善不良的学习习惯，为学生综合能力的提升奠定基础。因此，合作学习方法在高中信息技术中的全面引入已然成为目前新课标理念下亟须探讨和实践的话题，这无论是对学生社交技能、信息素养，还是对教学成果的优化，都具有较强的辅助性意义。

1. 合作学习在高中信息技术教学中的作用和意义

新课标理念下，教育教学工作被赋予了更高的职责与要求，高中教育应更加注重学生的主体性和主动性，而合作学习法正是满足学生主体动能发挥的有效教学方法，其能够在为学生划分小组后，引导学生自主参与到课程导学当中，通过合作探究实现高效学习目的。就高中信息技术教学而言，合作学习法应用的作用和意义主要表现在以下几个方面。

（1）合作学习法能够引发学生探索欲和求知欲

对于学生而言，知识探索与学习过程是漫长而枯燥的，合作学习则打破了传统理论说教模式，引导学生用实践操作去探究知识主体，通过交流与合作形成完整的知识结构，增强学生对信息技术的求知欲和兴趣。

（2）合作学习法能够培养学生沟通与合作技能

合作是让学生相互探讨与交流，在知识体系中形成良好的合作关系，表述对信息技术不同的理念和观点，培养学生创新思维。

（3）合作学习法有助于教学目标的实现

新课标下信息技术的教学目标是学生掌握基本理论与知识，提高自主学习与操作能力。而合作学习呈现了"以学生为主体"的教育模式，突出了学生自我操作、自我求知的特征，故能够在合作中实现教学目的。

2. 当前新课标理念下高中信息技术合作学习的困境

任何教学方法的应用都需要具备一定的条件、符合当下时局和形势，否则将达不到预想的效果。因此，合作学习法在高中信息技术教学中的应用，不仅需要符合新课标要求，还要以学生个体差异和需求为导向，进一步调整而后实施，这样才能达到事半功倍的效果。但当下合作学习法的引用和渗透还存在一定的问题和困境，进而降低了其实效性，其主要体现在以下几个方面。

（1）学习小组构建不科学，分工不明确

一般情况下合作学习都以划分小组的方式呈现，而小组划分依据是按照学生意愿自由选择或根据学号、座位等条件进行的，理论上不具备科学性，忽略了学生的个体差异和需求，学生个人能力和优势也无法得到发挥和显现，因此学习成效不明显。这样将导致小组整体水平存在落差，小组总结和评比存在不公平的现象，水平相对落后的小组则会失去对信息技术学习的兴趣。

此外，小组分工不明确也是当前合作学习模式应用中存在的主要问题之一。教师在对学生进行责任划分时，为了节省时间一般会一成不变地按照顺序、座次、学号等规律划分，或者直接让小组成员自由选择。这样的做法不仅使组内分工模糊，学生责任感降低，而且会形成能干的多干、不能干的少干的合作状态，学习力较强的学生必然承担较大责任，学习成效也会相对较好，而懒散或学习力较差的学生便形成了惰性，更容易坐享其成，学习成效必然较差。此种状况不仅不能发挥合作学习法的教学优势，还会使学生之间形成较大差异，不利于教学成果的有效提升。

（2）欠缺对合作学习参与主体的规划，合作学习氛围不浓厚

合作学习法的参与主体包括教师和学生。教师作为引导者和指导者，在构建合作学习模式时，一般会将重点放在学生这一主体上，而忽略了师生合作和师师合作的重要性。而师师合作共同体不仅是生生合作学习的基础和保障，也是促进师生合作、优化学习氛围的重要因素。师师合作的欠缺使教师之间成为独立的个体，进行格子教学、学习和课程导学规划等，不利于合作学习法论题的研讨，以及信息技术教学困境的突破。此外，教师在为学生划分小组、明确分工后的监督与引导过程有所缺失，仅将讨论时间充分留给各个小组，而只有小组出现问题求助教师时，教师才会参与到小组讨论中，教师主体性的缺失，这导致小组合作欠缺有效的引导和监督，使师生合作与交流欠缺，最终学生完成任务的效率低、进度慢，不利于教学成效的提升。

（3）合作学习评价模式单一，欠缺客观性

每个小组完成教师布置的合作学习任务后，会呈现一个完整的成果或作品，这正是检验小组合作学习效率的依据。教师作为教育的引领者理应对小组学习成果进行评价，除此之外还需要构建生生评价模式，以体现评价结论的完整性和全面性。但就目前而言，评价主体具有一定局限性，且评价模式相对单一，如小组在完成学习任务后将最终结果呈现给教师，教师仅做出结果性评价，指出问题给予鼓励，而评价的标准则为教师单一的观点，学生很难有效感知到知识探索和问题探讨的意义。同时对于结果论述也存在一定质疑性，不利于信息技术合作学习的进一步拓展。此外，小组之间具有相互学

习性和竞争性，教师单一评价抹杀了学生之间的竞争心理和辩证理念。小组评价和生生评价模式的欠缺，甚至会让学生产生对信息技术合作学习的抵触心理，最终难以达到高效学习的目的。

3. 新课标理念下高中信息技术课堂有效合作学习的策略

较高的信息素养是保障学生积极论证、正确实践操作和高效学习的根本，有效的合作学习能够辅助学生形成创新型学习思维，在自主探究、合作探讨的过程中，全面提升信息技术素养。为此，可从以下几点挖掘高中信息技术教学中合作学习法有效运用的方略。

（1）科学构建合作学习小组，明确责任分工

合作学习小组的构建是保障每一个学生各抒己见、论述知识、相互交流与沟通的载体，对教学成果有较强的辅助作用。对此，教师应当重点关注。在划分小组时，教师首先要深入了解学生的个体差异，分析学生的实际学习情况和需求，再结合课程内容和学习任务完成小组的构建，保障各个小组的综合才能、综合实力相当。同时，将小组设定为固定模式，打破学生自由组合、自由选择的分组模式，使小组划分更具科学性、严谨性。

此外，教师在划分小组后要针对学生差异进行角色分配和责任分工，使学生在小组中发挥不同的作用和优势，做到各司其职。例如，信息员负责统计组内学生不同的意见、见解；分析员负责任务的深度分析以及相关资料、信息的融入；小组长负责引导组内成员各抒己见，尽可能地表达自主建议，促进学生之间的沟通与交流，还要负责内容和学生意见的总结，并做出发言陈述等。每一个合作小组都是独立的组织，组内成员因分工合作而显现价值，有效的沟通与交流以及合作学习流程的运作等都是学生个体能力提升的过程，能够引发学生自主思考，促进学生强化信息素养。

（2）合理规划参与主体，优化合作学习氛围

高中信息技术教育教学在新课标理念下更加提倡师师、师生和生生共同体的全面构建。其中，学生是受教育主体，在"以学生为本"的理念下，教师应当在了解学生个体差异的基础上，挖掘学生的潜能和特质，通过合作小组这一载体，更好地发挥学生的优势和特长，培养学生的自信心和自主探

索能力，提高学生综合素养。而教师作为教育的主导者和引领者，相互之间应该更好地合作、探究与学习、交流，通过多种途径、多种视角去挖掘信息技术教学的方法和模式。良好的师师共同体可以为学生树立学习榜样，创建优质的合作学习环境，不仅能够提高信息技术科研成果，还能提升教师专业发展能力，为学生合作学习提供更科学的方法和建议。此外，师生互动是确保学生知识有效输入与输出的根本，和谐的师生共同体，能够为学生创设良好的合作学习氛围，培养学生形成良好的心理素养，通过尊重学生、理解学生，与学生构建优质的合作交流关系，使学生对信息技术学科产生兴趣，更自主地去探索，在合作学习中掌握理论知识并得到历练。

（3）优化合作学习评价模式，增强客观性

学生的个体发展以及能力与素养的提升不仅要依靠教师的正确引导与评价，还要依靠学生之间的相互鼓励和促进。而学生之间本就存在合作与竞争关系，教师在引导学生合作学习的过程中也应注重两种精神的形成与发挥。其中合作精神是学生在相互交流与沟通，共同完成学习任务的过程中所形成的，而竞争精神则是学生在相互评价、接受指正和公平竞争中所形成的。那么想要培养学生两种精神就要优化合作学习评价模式，增强评价主观性，为学生信息素养及实践技能的提升奠定基础。首先要在传统单一教师评价的基础上，延伸出生生评价、小组评价和学生自我评价等模式。其中教师评价包括对小组合作学习成果的整体评价以及对学生独立个体的能力评价两种。学生自我评价主要是针对合作学习过程中的表现、想法和态度等进行反思。而生生互评或小组互评可以是针对某人的某一观点进行评价，也可以是针对小组看法进行点评，以此达到沟通、交流与分享的学习目的。那么教师在此过程中应做好引导和评估工作，鼓励学生以公正的眼光相互评价，增强评价的客观性，并让学生在评价中正确认识到自身不足，通过评价与学习来提升自己。

小结

　　总而言之，教师应用项目式学习、合作学习法进行高中信息技术课程教学，不仅打破了传统填鸭式教育模式，使学生能够更自主地学习，还增强了学生之间的互动性，引发了学生较强的探索欲和求知欲。在此过程中，教师要与学生共同探讨项目式学习、合作学习的价值和意义，利用信息技术平台，积极落实与实践项目式学习、合作学习方法，并进行深入的科研与实践，为学生信息素养及综合能力的提升提供条件。

高中信息技术课堂情感教育

一、情感教育概述

情感教育是与认知教育相对的概念，是完整教育过程必不可少的一部分。情感教育指在课堂教学过程中，教师要创设有利于学生学习的和谐融洽的教学环境，妥善处理教学过程中情感与认知的关系，充分发挥情感因素的积极作用，通过情感交流增强学生积极的情感体验，培养和发展学生丰富的情感，激发他们的求知欲和探索精神，促使他们形成独立健全的个性和人格特征。情感教育既是一种教学模式，又是一种教学策略。

著名教育家和心理学家本杰明·布卢姆等在20世纪50年代提出的教学目标分类理论将教学活动所要实现的整体目标分为认知、动作技能、情感三大领域，并从实现各个领域的最终目标出发，确定了一系列目标序列。其中，布卢姆等人认为情感教育目标体现为接受、反应、形成价值观念、组织价值观念系统和价值体系个性化。

中学信息技术课程中情感教育的目标主要包含两方面的内容：一是培养学生在信息技术课程学习过程中形成良好的态度、情绪及情感体验，提高学生的学习兴趣。二是培养学生学会关心他人、与人交往，具备良好的文化素养及道德修养。三是培养学生利用所学的信息技术知识，联系生活社会中的问题，能够对这些问题进行比较、分析、评价及解决。四是能够形成自己的价值观、构建自己的价值体系，学会表达对世界、事物、人及自我的看法。

二、课程教学中情感教育目标实现的现状及影响因素

（一）中学信息技术课程教学中实现情感教育目标的现状

信息技术课程教学过程中，情感教育目标的实现存在以下问题。

1. 很少涉及价值概念，缺乏价值体系的培养

当前，在中学信息技术课程教学中，人们对如何实现情感教育目标已经有了一些探讨，然而很多人只是探讨如何让学生对信息技术课程感兴趣、上课过程中如何保持良好的情绪等情感教育目标的基本内容，缺少深层次的培育。例如，有人主张在教学过程中把其他学科整合到信息技术课程当中来，意在使内容丰富，减少该学科枯燥的机械操作，培养学生对该学科的兴趣。还有人提出在教学设计过程中要注重挖掘软件操作背后的人文资源，如在讲到字体属性设置时教师可以提到我国古代汉字字体的种类及来源等历史知识，意在提高学生的文化素养。然而这些都只是情感教育目标最基本的方面，并未涉及如何培养学生正确的价值观，帮助学生形成正确的价值概念及建立正确的价值体系等，而这些正是情感教育中最重要、最难以实现的目标。

2. 教师任务过重，学生过于被动

很多人认为要想实现情感教育的目标，教师就要肩负起重担，通过各种可能的方式促进情感教育。例如，有人主张教师可以通过网络平台（如微博、E-mail、QQ等）与学生沟通，关心学生；还有人提出教师在教学设计过程中要考虑学生的需要，及时为学生做教学调整……总之，强调教师要考虑学生的需求。但是根据新课标的精神，教师应注重调整教学模式，引导学生自己去思考、分析，进而自己解决问题。

（二）影响中学信息技术课程教学中情感教育目标实现的因素

影响中学信息技术课程教学中情感教育目标实现的因素主要有两方面：一是中学信息技术课程的特点，二是中学生的心理特征。

从中学信息技术课程的特点来说，信息技术是一门新学科，具有发展快、变化快的特点，往往会出现官方的"计划"始终赶不上它的"变化"的现象，因此总是不断引起与中学生切身相关的带有争论性的社会问题。

从中学生的心理特征方面来说，中学生有思想、有想法，喜欢问为什么并且渴望表达自己的见解，同时却蕴藏着叛逆心理，不喜欢强制性地接受思想及观念。此外，他们对于自己感兴趣的事情会表现出充分的积极性及主动性。

三、高中信息技术课程教学情感教育目标的实现策略

结合中学信息技术课程的特点及中学生的心理特征，我们试图建构以下策略以实现情感教育目标。

（一）引导学生自己形成价值概念、建立价值体系

中学信息技术课程教学情感教育的目标不仅仅是让学生对信息技术课程感兴趣、在学习过程中有良好的情绪及体验等，其更重要、更深层次的目标是超越信息技术学科本身。因此，教师可以结合生活场景，注重引导学生分析、思考，让学生学会联系生活，学会表达对世界、事物、人及自我的看法，并建立自己的价值体系。例如，在讲到Photoshop工具的使用时，教师可结合生活中网上购物时经常看到的商品图片和实际网购的商品并不相符。教师可以引导学生结合本节课的内容讨论"网上购物可靠吗？""我们网购时要注意什么？"等现实中的问题。学生经过分析就会联想：网上商品的图片是否也是经过了Photoshop的加工处理？又如，教师可以引导学生学会运用所学知识在网上发帖讨论网购的真实性，以提醒人们网购时留心商品图片的真实性等。总之，教师在增强学生的情感体验的同时，要注重引导学生联系生活，建构自己的价值体系。

（二）结合中学生的心理特征，提高中学信息技术课程教学中情感教育的实效性

在中学信息技术课程教学中，基于中学生的心理特点，教师可以引导他们思考、分析，让他们形成正确的价值观、建立正确的价值体系，只有这样，他们才能够很好地控制自己的行为。比如，在讲到浙教版信息技术选修2第一章1.1《走进多媒体世界》这章内容时，在学习完多媒体技术的利与弊方面的知识后，教师可以联系现实生活，引导学生讨论"家长是否应该禁止中

学生玩电子游戏？""如果你是家长，你会让你的孩子玩电子游戏吗？"等问题，引导学生积极思考。在此过程中，学生不仅会把课堂知识与现实生活的问题联系起来，还会从各个角度分析问题。教师还可以列举社会上出现的青少年由于沉溺于电子游戏而前途毁于一旦的事例，让学生分析其原因。学生只有分析、思考过这些问题以后才能真正从心里认同这些德育观，形成正确的价值观，建立自己正确的价值体系，并以此支配自己的行为。

（三）落实"主导—主体"教学模式，使学生学会学习，正确认识自我

教师为学生提供丰富的教学资源，让学生以小组合作形式，自主学习完成任务。例如，有位教师在讲到浙教版信息技术选修2第二章《多媒体作品设计》时，了解到某毕业班的学生想利用这节课做毕业贺卡，于是修改了教学计划，为学生提供制作毕业贺卡的网站、书籍、素材等，让学生自主合作完成制作贺卡的任务。学生在选择教学资源时，根据自己的特点，自主选择视频、语音或者文字等材料，制作风格迥异、个性十足的作品。通过"主导—主体"的教学模式可以使学生学会学习，正确认识自我。

小结

中学信息技术课程教学中情感教育的目标不仅仅涉及兴趣、情感体验等，更重要的是让学生形成自己的价值观、构建自己的价值体系，学会分析问题，学会表达自己对世界、人及自我的看法。在倡导人本主义的今天，情感教育对人的发展的影响已经引起人们的高度重视，相信中学信息技术课程教学中的情感教育也会逐步得以实现。

高中信息技术教学多元评价法

新课标指出，在实际教学中要突出学生主体性，积极培养学生的创新能力和思维能力，在对学生相关知识、技能和素养考核时，需要综合性、严谨性、主观性的评价方法予以支撑，对此多元评价法更为合适。多元评价法更能突出学生主体，更能精准地把控评价力度。信息技术教学应以多元化评价标准适应课改，评价学习和教学成果，为教育教学工作提供参考。由此可见，多元评价法在高中信息技术教学中的应用具有较高价值，一方面可促进教学效率的提升，另一方面能助力学生更快、更精准地获取新知。

一、多元评价法在高中信息技术教学中应用的重要性

多元评价法是一项综合性、系统性较强的教学方法，能够为课程形式改革、教学模式创设提供一定的参考，从转变学生学习方法、创新学习架构等入手，深化科学教育理念，将有效的教学法落实到实践中，进而提高教学效率。多元评价法在高中信息技术教学中应用的价值主要包括以下几点。

（一）利于转变传统观念和模式，实现高中信息技术创新教学

新课改的进一步推进与落实，势必会对教育教学理念、模式与方法提出全新要求，构建"教"与"学"的双向创新模式。其中传统评价方法已然不能适应新时期教育改革与发展的需求，取而代之的是适合新学情的多元评价法，此方法不仅转变了传统评价模式，为教育教学构建了全新的评价体系，从学生综合发展的角度来看，多元评价法更注重综合性评价，如理论知识掌握情况、信息技术实践能力以及信息素养形成状况等，专注给予对学生明确

的指引和帮助。此外，多元评价法通过了解当前教学状态、熟悉学生学习习惯，为学生打造闭合性学习环境，以学生综合性创新思维和理念为核心，全力助力学生综合素养及学习行为教育，最终实现高中信息技术创新教学。

（二）利于提高教学效率，满足新课改要求

新课改要求教师及时转变角色观念，在实际教学中以学生为主体，注重对学生创新思维、实践能力与学科素养的培育。而教师也要遵循新课改规则，为学生创设闭合性学习环境，运用多元评价法，充分开展教学评价活动，通过创新方法、理念，引导学生积极地参与到教学活动中，并通过多元评价，进行教学反思与改进，进而提高教学水平。当然多元评价法涉及的主体较广泛，包括教师和学生个体，因此，多元评价法在助力教学效率和学习动态的同时，可以适当增进师生间情感和互动关系，增强师生、生生、师师等主体的沟通与交流，更能促进不同个体之间信息真实、及时的反馈与传输，为学生学习能力提升和教师教学方法创新提供有效参考。此外，多元评价法重点针对评价主体、评价内容和评价方法等维度，进行信息的反馈，满足了新课标对高中信息技术教学多元化的要求，同时逐步优化了教学结构，为教学模式的创新与教学内容的调整做出了关键性引导。

二、多元评价法类型的划分及评价流程

（一）多元评价法类型的划分

多元评价法想要取得良好的效果，就要根据不同情境及教学内容选择合适的评价类型。目前现有的多元评价法共分为三种类型：

第一，档案袋评价法，即将学生日常学习的状态、方法和成果汇集成资料，通过这些信息的整合、分享与分析研究，了解学生基本情况和所面临的问题。

第二，多维度智能评价法，即针对学生个体所拥有的自我认知、语言、逻辑、人际关系等智能量进行综合评价，通过学生智能结构评价数据，判断学生当下学习动力、能力和潜在应用能力等。

第三，雷达图评价法，此种方法具备综合性、整体性和全局性特征，主

要针对评价对象各项指标对照各类雷达图进行综合评价，但在应用中难度相对较大、评价方法较为烦琐，故很少应用。

综合来讲，任何一种评价法应用的前提都是对研究对象进行全面了解，寻找问题和欠缺，最终目的是使帮助对象缓解学习压力，调整学习方法和结构，使其形成积极的学习心态和行为，提高综合能力及素养。

（二）多元评价法在高中信息技术教学中应用流程的构建

多元评价法的应用需要做好一切准备工作，如明确评价目标、选定评价方法、开展评价反思。以高中信息技术教学中Excel软件操作课程为例，首先，教师需要划分教学重点，制订教学目标，发挥学生主体动能性，让其独立制作Excel表格。教师根据学生实际操作过程和作业成果，明确评价目标及内容，对部分学生存在的问题进行引导和指正，让学生建立正确的学习流程，牢固掌握知识结构。其次，教师要将评价内容细化，针对不同领域选定不同评价方法，如Excel表格数据正确率、表格风格色彩设计以及过程中学生的表现等。除维度评价外，教师还可运用学生主体评价法，开展自评、互评，让学生体验评价过程和学习成果，突出评价的公正性和综合性。另外，教师可针对课上教学评价、学期阶段性评价和学生日常表现或自评等进行整体性评价反思，并对评价结果所呈现出的问题及时进行调整和汇总，及时修订实践教学中的不足，调整教学方法和模式，以期优化教学结构，提高教学效率。

三、多元评价法在高中信息技术教学中的实践路径

（一）设置多元评价目标，创新实践评价方式

评价的最终成果在于评价目标的达成程度，不同的评价目标所针对的教学成果、学生学习技能范围有较大差异。因此，教师为了满足新课改要求，应遵循以学生为本的教育理念，将学生综合素养及能力培育作为核心目标，在实践教学中评价与反思阶段，针对教学内容、形式以及学生对知识接受能力，设置多元评价目标，引导学生自主构建独特的学习框架，体验教学活动、课程内容和成果，并通过不同评价目标的实践与落实，达到高效学习的目的。

多元评价法的目标要从五个维度设定，即评价学生需求、监控学习过程、分析学生对知识的理解程度、引导学生自主学习与合作学习，以及展现知识与技能掌握情况。不同的评价目标需要运用不同的评价方式予以干预，利用单一评价目标体现某一知识结构教学的成效，利用多元评价目标凸显评价体系的完整性和系统性，同时显现学生综合能力与素养培育的最终成果。例如，在高中信息技术实践课开展中，教师要为学生创造操作性学习环境，借助评价法应用技巧，引导学生掌握知识架构，并运用理论知识拓展实践，提高学生知识运用能力和综合技能。因此，评价目的在于多元评价目标设定后单项评价活动目标的逐一实现，而教学过程与评价方式的渗透与融合是实现课程有效评价的关键。

（二）开展创新性学习活动，提高系统评价成效

教学实践成果的显现关键在于学生在教学活动中的参与程度。基于学生主体性，教师要为其创设实践情境，开展创新性实践活动，一方面增强高中信息技术课程的趣味性，另一方面增强学生学习欲，让学生自主建构完善的知识框架体系，进而形成创新性和系统性思维。例如，在学习Python语言的相关内容时，教师可针对Python语言的学习方法、应用流程以及应用范畴等，开展不同形式的创新性学习活动，并针对学生对知识的接受程度，设计详细的学习方案，让学生体验学习过程，感受系统性学习的魅力，同时鼓励学生运用创新性学习方法，自主探究和挖掘深层次知识。最后教师运用多元评价法对学生操作和学习过程进行综合评价，通过分析操作步骤、学习探究过程以及知识与技能掌握情况，给出最终评价结构，引导学生正视自身不足，并积极调整与创新，一方面激励学生提高学科素养和专业技能，另一方面通过创新学习活动，提高学生的参与性和互动性，提高系统评价成效，为后续学习与评价目标设定提供了有利条件。

（三）突出多元评价主体，构建完善的评价机制

多元评价法的应用需要依托不同的评价方法、评价内容、评价目标和评价主体等，新课改要求教师在实际教学中注重学生的主体地位，对此，多元评价也要将学生看作独立的个体，给予学生较高的评价权利。学生评价方式

和内容需要严谨设定，如评价方式可包括自我评价、学生互评，或对课程的点评等；评价内容包含学习状态、学习成果、学习流程等内容。教师作为课程教学主导者，对学生知识与技能掌握、素养与良好学习习惯的形成等有直接评价的权利，也对教材与课程的结合性、评价目标与实际验证成果的统一性等具有最终综合评价的优势。基于教师与学生主体评价结果，可以凸显实践教学成果。

另外，多元评价机制的构建与完善优化是确保多元评价主体有效评价的前提。而评价机制的构建需要依托不同的评价目标，如学校校本课程开发中的特色信息技术教学项目，教师可根据学生实际需求，为学生划分小组，以合作学习模式设定项目任务，并以项目界面设计、项目运行流程等作为评价标准，构建综合评价体系，引导学生积极参与，发挥潜能。最后教师结合实际情况，对学习过程、操作流程、成品展现结果，以及小组氛围等进行最终点评，以此展现评价体系的完整性与客观性，达到多元评价的目的，从根本上促进学生综合素养与技能的提升，同时提高高中信息技术教学效率。

四、以多元评价法促进信息技术课程改革与发展

评价是信息技术教学的有机组成部分，对信息技术的学习具有较强的导向作用，是教学各环节中必不可少的一环。教学评价最终目的是检查和促进教与学，促进信息技术课程改革与发展。主要从以下三方面着手，实施多元评价。

（一）树立正确的评价观念

新课程标准指出：要强化素养导向的多元评价，注重评价育人，强化素养立意；坚持以评促教、以评促学，体现"教—学—评"一致性；要引导教学落实"立德树人"根本任务，践行社会主义核心价值观；引导教学顺应时代发展、技术创新和社会变革，推进教与学方式的改革，着力发展学生核心素养。

1. 强调评价对教学的激励、诊断和促进作用，发挥评价的导向功能

在信息技术教学过程中，应通过灵活多样的评价方式激励和引导学生

学习，培养学生的信息素养。教师应注意观察学生实际的技术操作过程及活动过程，分析学生典型的信息技术作品，全面考查学生信息技术操作的熟练程度和利用信息技术解决问题的能力。建议教师在向学生呈现评价结果时，多采用评价报告、学习建议等方式，适当采用鼓励性语言，激发学生的内在学习动机，帮助学生明确自己的不足和努力的方向。在对学生学业进行终结性评价时，应根据评价目的、学习内容及课程特点，采用多种形式的评价方式，评价内容与手段要有利于学生学习，要引导教师利用评价结果反思和改进自己的教学过程，发挥评价与教学的相互促进作用。

2. 评价应面向全体学生，尊重学生的主体地位，促进学生的全面发展

促进学生全面发展是现代教育评价应有的价值取向。在评价过程中，要尊重学生的水平差异和个体差异，创造条件让学生甚至家长主动参与到评价中，增强学生自主评价的积极性；要以多样化的评价促进学生核心素养的提升；不能简单地以分数或等级来评估学生，要多采用表现性评价语言，注重学生在不同起点上的提高，而不仅仅看重他们是否都达到了某一共同标准。

3. 评价应科学合理，提高评价的信度和效度

评价内容的选择应从学科基本要求出发，评价情境创设要科学合理，注重评价的信度和效度。信息技术学科具有很强的应用性，学习内容大多与生活息息相关，如信息处理技术、网络技术、数据管理技术等，因此评价内容的设计与选择应贴近学生的学习和生活，注重评价的实用性和导向性。评价情境的创设既要有利于评价目标的落实，更要有利于引导学生学习能力的提高，使学生在完成评价的同时，在知识和技能上有所提升。

（二）加强过程性评价，完善终结性评价

信息技术课程评价方式主要有过程性评价和终结性评价两种。过程性评价侧重反映日常教学过程中学生表现出来的学习进步情况，应贯穿整个教学过程；终结性评价侧重反映学生阶段性学习目标达成度。

信息技术课程评价要坚持过程性评价与终结性评价相结合，坚持基本知识考核与实践应用考核相结合，综合运用纸笔测试、上机实践、作品创作等方法，全面考核学生学习状况。评价方案的设计和实施应考虑全体学生的实际情况，评价方案要事先制订并及时公布，不仅让教师、学生知晓，还应让家长、社会了解。信息技术学科具有很强的操作性和实践性，学生经历的学习过程也是评价的重要依据。评价要充分利用信息技术的学科优势，采用电子作品档案袋、学习平台记录表等技术手段记录学生的学习状况，客观评估学生的学习过程与学习态度，力求全面、公平、公正地评价学生的学习状况。

（三）评价主体多元化

以往的教学评价都是以教师评价为主，新课标提倡多元评价，即学生自评、互评与师评有机结合的方式（让学生评价自己的作品以及自己在作品制作中的表现，学生之间相互评价以及教师对学生作品评价三合一），让学生作为评价的主体，反馈学习所存在的问题，以便了解教学的不足以及学生学习现状，拉近教师与学生之间的距离，促进学生自评、互评，减轻学生的压力；通过突出学生在评价中的主体地位，进一步调动学生的积极性与主动性，让学生成为学习、评价的主人，促进学生在评价中充分交流自己制作作品时的经验，让学生对自身的学习情况有清楚的认识，进而相互学习、相互促进、共同提高。

小结

随着课程改革的深入，在信息技术课程教学中，教师应格外注重以评价促进课程改革、提高课堂教学质量，在日常教学过程中不断探索、实施适合信息技术学习的教学评价模式，以学生信息素养和综合能力为依据，评价学生信息技术学习、应用的实际情况，反馈信息技术教学的不足与缺陷，明确信息技术课程之后的改革与发展方向。

下 篇

实践课堂

案例一　用计算机计算圆周率

第1课时　设计算法实现用数学公式计算

【教材分析】

"设计算法实现用数学公式计算"这一小节使用欧拉公式设计算法实现圆周率的计算。首先，引出数值数据及其运算，然后从需求出发，分析问题并提出解决问题的方法，从而引出并重点探究循环结构的算法设计思路。考虑到循环结构中的初值、赋值过程、终值相对较难理解，又设计了活动7.1——使用沃利斯公式法计算圆周率，教师可根据学生的掌握程度适当开展此活动，以进一步巩固学生对实现控制结构算法的方法的认识，加深学生对循环结构的理解。

【学情分析】

本节课教学对象是高一学生，他们在初中就学习过图形化的编程工具，在项目六中又学习了Python的基本知识、学会了安装配置了Python IDE，完成了编程解决温标转换问题，体验了程序设计的基本流程，有利于本节知识学习。

【学业要求及核心素养】

1. 围绕"设计算法实现用欧拉公式计算圆周率"这一主题，主动寻求与问题解决相关的知识与技能，能够根据需要选用合适的数字化工具，如

Office、Python IDLE、网络空间等开展学习。（信息意识、数字化学习与创新）

2. 依据"设计算法实现用欧拉公式计算圆周率"项目的需要，掌握Python语言的基本知识"数值数据及其运算"和"循环结构"，利用Python编写程序实现用欧拉公式计算圆周率，解决实际问题。（计算思维）

3. 参与项目，完成"设计算法实现用欧拉公式计算圆周率"任务，体会设计算法解决问题的魅力，激发兴趣，培养勇于探索的使命感和责任感。（信息社会责任）

【教学目标】

1. 掌握数值数据的常用运算。

2. 探究和理解循环结构，总结循环结构的算法构建要素及规律。

3. 能够从实例出发，利用Python语言设计算法实现用欧拉公式计算圆周率。

【教学重难点】

教学重点：数值数据常用运算、循环结构的语句、循环结构的算法构建。

教学难点：循环结构算法的构建。

【教学方法】

项目式教学：以"设计算法实现用欧拉公式计算圆周率"项目为导向，以分析问题、设计算法、编写程序、调试运行等各项任务推动项目实施，培养学生解决实际问题的能力。

探究式教学：自主探究项目实施所需的知识和技能如"数值数据及其运算""循环结构的算法构建"和"实现循环结构的语句"，分组探究"设计算法实现用欧拉公式计算圆周率"项目，在自主探究中培养学生自主学习能力，在合作探究中培养学生团结意识。

数字化教学：利用多媒体展示圆周率 π 的科普视频创设情境，利用数字化网络学习资源，如电子教材、Python官方教程开展学习，利用Office、

Python IDLE、思维导图等数字化工具进行探究，利用网络平台，如赣教云学生学习空间记录学习过程、分享探究学习成果。数字化教学能充分激发学生的兴趣，也有利于学生学习能力和创新能力的提高。

【教学环境】

硬件：计算机网络教室、希沃一体机。

软件：极域电子教室、Python 3.7。

资源：Python–Docs–3.7　　https://docs.python.org/zh–cn/3.7/。

平台：赣教云教师空间、赣教云学生空间。

【教学过程】

（一）新课导入

1. 视频导入，创设情境，激发兴趣

教师展示视频：圆周率 π 及其如何计算的科普视频。（图1）

$$\pi \approx 3.14159265$$

图1　圆周率

2. 教师提出问题，引发学生思考，引入项目主题

（1）你们知道圆周率的值吗？

（2）圆周率 π 的值是如何求解的呢？

（3）如何利用计算机设计算法求圆周率？

3. 学生研究讨论，回答提问，进入项目情境

（1）π=3.1415926…

（2）阿基米德夹逼法、刘徽割圆术、祖冲之割圆术。

莱布尼茨（1646年）：

$$\sum_{n=0}^{\infty} \frac{-1^R}{2n+1} = \frac{\pi}{4}$$

欧拉（1735年）：

$$\frac{\pi^2}{6} = 1 + \frac{1}{2^2} + \frac{1}{3^2} + \frac{1}{4^2} + \cdots$$

（3）欧拉公式、沃利斯公式、随机投点法（蒙特卡罗法）。

过渡：今天我们一起探究在计算机中利用Python语言，设计算法实现用数学公式（如欧拉公式）计算圆周率。

设计意图：创设情境引入主题，了解常识利于学习迁移，明确项目任务做到有的放矢。

（二）探究活动

活动1：自主学习"数值数据及其运算"

过渡：在开始项目之前先请同学们自主学习项目探究中所需的基本知识。

教师：提供Python官网教程资源，指导学生进行自主学习。

（1）数值数据的常用类型有哪些？

（2）常用的算术运算符有哪些？

（3）尝试用Python IDLE执行算术运算。

学生：根据教师指导完成学习任务和实践操作。

设计意图：培养学生自主学习能力，使学生掌握基本知识。

*知识链接："数值数据及其运算"

数值数据分为整数（int）和浮点数（float）。浮点数是带小数的数值。例如，1是整数，1.0是浮点数。在计算机中，两种数据的存储方式是不同的。

数值数据的运算包括标准的算术符号，见表1。其中+、−、*、/运算符的含义和用法和数学符号是一样的。

表1　数值数据的运算

运算符	含义	示例	运算结果
+	加法	53+21	74
−	减法	63.1−2.2	60.9
*	乘法	300*1.5	450.0
/	除法	1/8	0.125

运算符	含义	示例	运算结果
//	整除	1//8	0
**	次幂	2**3	8
%	求余数	17%3	2

运算符"//"执行的是整数除运算，它会产生一个小数部分为0的结果，小数部分会被舍掉。运算符"**"执行的是次幂运算，a**b等价于数学运算 a^b。运算符"%"执行的是求余数运算。这三种运算符的用法举例如图2所示。

```
>>>4.8//1.2
4.0
>>>5//1.2
4.0
>>>7//2
3
>>>3//4
0
```

```
>>>2**3
8
>>>16**0.5
4.0
>>>1.6**2.5
3.238172324012421
```

```
>>>x=34
>>>x%2
0
>>>x%3
1
>>>x%17
0
>>>x%4
2
```

图2 运算符的用法举例

活动2：探究学习"循环结构的算法构建"和"实现循环结构的语句"

教师：指导学生进行自主探究：

（1）要构建循环结构，需解决哪两个问题？

（2）实现循环控制有几个要素，哪几个？

（3）探究案例：求50！分析问题找规律，描述算法画图编码，编写程序运行调试。

（4）归纳实现循环结构的语句。

学生：根据教师指导完成自主探究和实践操作。

设计意图：培养学生自主探究能力，使学生掌握基本知识和技能。

*知识链接："循环结构的算法构建"

要构建一个循环结构，需要解决两个问题：一是重复要做的是什么事，二是如何控制循环。对重复要做的是什么事，可以从分析问题入手。面对循环操作的控制，一般是通过使用一个循环控制变量来实现的。实现循环控制有三个要素：①循环控制变量的初值；②循环控制变量的终值；③在循环体中使循环控制变量由初值向终值变化的语句。

例1：求50！

1. 分析问题

50！$=1 \times 2 \times 3 \times 4 \times 5 \cdots \times 50$，和累加问题类似，计算机算法的处理是逐项将1，2，3，…，50累乘到一个变量中。与累加问题不同的是，累乘变量的初值应为1。

2. 设计算法

设计算法一：

（1）令s=1。

（2）s=s*1。

（3）s=s*2。

……

（51）s=s*50。

观察算法一，可以发现每一步都是在做乘法。虽然乘的数据不同，但是这些数据的变化是有规律的，可以得到通项公式：s=s*i。接下来要确定循环控制变量。求阶乘的循环控制是由通项公式的执行次数决定的，一共执行50次。此时循环控制变量相当于一个计数器，从1开始，到50结束，每一次递增1。循环控制变量的变化和通项公式中的变量i的变化规律一样，所以将i作为循环控制变量。

设计算法二：

（1）令s=1。

（2）令i=1。

（3）循环：当i小于等于50时。

① s=s*i。

② i=i+1。

值得注意的是，在循环体中一定要有一句使该循环能趋于结束的语句，如这里i=i+1，这样循环控制变量才能从初值变化到终值，最终结束循环。

3. 编写程序

*知识链接："实现循环结构的语句"

根据上面的分析，按循环执行次数的确定性，循环可以分为确定次数循环和不确定次数循环。

（1）确定次数循环。

确定次数循环指循环结构对循环次数有明确的定义，循环次数采用遍历结构中元素的个数来体现。Python语言中通过for语句来实现确定次数循环。（图3）

```
for <循环控制变量> in <遍历结构>:
    <语句块>
```

图3 for语句

for语句简化了循环控制变量计数的过程，用遍历结构提供循环控制变量的所有值的集合。每一次循环，循环控制变量依次取集合中的一个值。遍历结构可以是range函数产生的序列、组合数据对象（列表、字符串等）或文件对象。

用for语句实现求50！的语句块如下：

```
s = 1
for i in range(1, 51):
s = s*i
print(s)
```

如果要将1～50所有的奇数累加，则可以用range函数的第三个参数设定循环控制变量变化的步长，其语句块如下：

```
s = 0
for i in range(1, 50, 2):
    s = s+i
```

```
print(s)
```

（2）不确定次数循环。

不确定次数循环一直保持循环操作，直到特定循环条件被满足时才结束，不需要提前知道循环次数。Python语言中通过while语句来实现不确定次数循环（图4）：

> while <条件>:
> <语句块>

图4　while语句

while语句也可以用于确定次数循环，如用它实现求解50! 的语句块如下：

```
s = 1
i = 1
while i <= 50:
s = s*i
i = i+1
print(s)
```

活动3：项目探究"设计算法实现用欧拉公式计算圆周率"

教师：指导学生进行分组探究。

（1）学生分组：每4人一组，自由分工，合作探究。

（2）探究案例：设计算法用欧拉公式计算圆周率，分析问题找规律，描述算法画图编码，编写程序，运行调试。

（3）填写程序运行结果记录表（表2）。

表2　程序运行结果记录表

limit	pi的值	准确的小数位数
0.0001	3.1320765318091053	1

下篇

实践课堂

（4）小组推荐1名同学汇报研究成果，分享学习感受，讨论程序的改进方法。

设计意图：学生基于项目的合作探究，培养团队合作精神，锻炼基于实际问题的解决能力，提高计算思维和数字化学习与创新等核心素养。

*知识链接：设计算法用欧拉公式计算圆周率

分析问题：

观察上面的程序公式可知，它是一项一项连续相加的，且每一项都可由前一项经过有规律的变化得到。有规律的数据项连续相加的问题，称为累加问题，用计算机算法处理就是逐项累加。上述累加计算的算法可以用自然语言描述，具体如图5所示。

```
1.设置累加器变量s的初值为0;
2.s=s+1/(1*1);
3.s=s+1/(2*2);
......
```

图5　自然语言描述

累加可以用一个公式来表示：s=s+item。这个式子称为累加的通项公式。从上述欧拉发现的公式来说，item的值是$1/i2$，即$1/(i*i)$，i从1开始，每次增加1解决本问题需要重复进行的工作是：

① 累加item到s，即s=s+item。

② 构造item，即item=1/（i*i），i=i+1。

完成公式的计算就是重复执行以上步骤，直到满足某一个循环控制条件。循环控制条件可以是计数执行n次，也可以是某一个变量达到指定值。先根据循环控制条件确定循环控制变量，然后确定循环控制变量的初值、终值和如何变化，如图6所示。

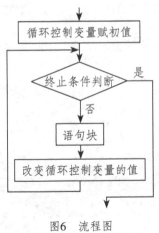

图6　流程图

设计算法，编写程序：

如果以累加项item的值小于0.000001为循环终止条件，那么用自然语言描述上述问题的算法如图7（左）所示。在Python语言中，利用while语句可以实现该循环结构的算法，程序如图7（右）所示。这里用pi表示圆周率π。

```
1.令i=1,item=1.0,s=0;
2.循环:当item大于等0.000001时;
2.1 s=s+item;
2.2 i=i+1;
2.3 item=1/(i×i);
3.pi=√(6×s);
4.输出pi的值。
```

```
from math import sqrt
i = 1
s = 0
item = 1
while item > 0.000001:
    s = s+item
    i = i+1
    item = 1/(i*i)
pi = sqrt(6*s)
print("pi的值是", pi)
```

图7　算法描述和程序代码

小贴士：在Python语言中，当只需引用外部模块中一个特定的系统函数时，可以使用from命令。from math import sqrt语句的作用是从math库中载入数学函数sqrt，这个函数用于求一个数的平方根。

运行、调试程序：

在Python中创建并运行程序，检查运行结果。（图8）

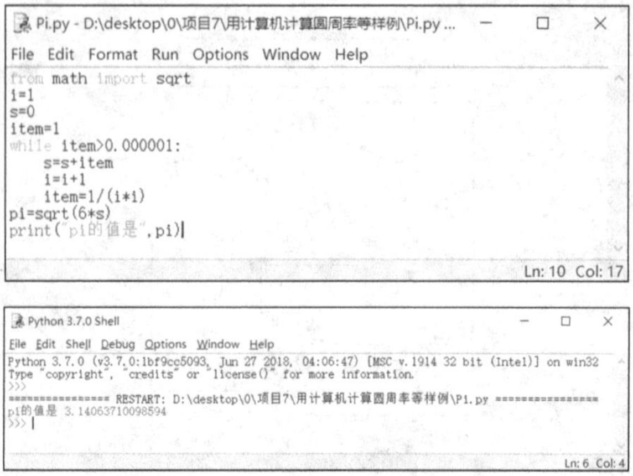

图8 代码及运行结果

思考与讨论：

（1）循环开始前，item的值是多少？循环结束后，item的值是多少？

（2）如果将第2.1步调至循环体的最后一行，该如何调整算法步骤来保证程序结果的正确？请上机运行检验。

（3）如果按累加n项的方法控制循环，该如何修改程序？如何分别用while语句和for语句实现？

附：参考

（1）循环开始前item=1，循环结束后item=0.000001。

（2）如果将2.1步调至循环体的最后一步，即先执行语句i=i+1，因此只需把i的初值改为0。

参考代码如图9所示。

```
from math import sqrt
i = 0
s = 0
item = 1
while item > 0.000001:
    i = i+1
    item = 1/(i*i)
    s = s+item
pi = sqrt(6*s)
print("pi的值是", pi)
```

图9 参考代码

（3）item=0.000001，i=1000，因此把循环变量的终值设为1000即可。
（图10、图11）

```
from math import sqrt
s = 0
n = 1000
for i in range(1, n+1):
    item = 1/(i*i)
    s = s+item
pi = sqrt(6*s)
print("pi的值是", pi)
```

```
from math import sqrt
s = 0
n = 1000
i = 1
while i <= n:
    item = 1/(i*i)
    s = s+item
    i = i+1
pi = sqrt(6*s)
print("pi的值是", pi)
```

图10　参考代码（用for语句）　　图11　参考代码（用while语句）

（三）拓展活动

教师：指导学生进行拓展探究活动。

（1）学生分组，自由分工，合作探究。

（2）探究案例：用沃利斯公式计算圆周率，分析问题，描述算法，编写程序，运行调试。

（3）设计一个随着n的值的变化运算精度可以变化的程序。

（4）小组推荐1名同学汇报研究成果，分享学习感受，讨论程序的改进方法。

设计意图：学生前面已经学习了相关项目知识，开展拓展活动有利于学生巩固新的知识，熟练掌握知识技能，从而有利于知识的正向迁移。举一反三，发散思维，才能培养创新能力。

活动4：使用沃利斯公式计算圆周率：$\dfrac{\pi}{2}=\dfrac{2}{1}\times\dfrac{2}{3}\times\dfrac{4}{3}\times\dfrac{4}{5}\times\dfrac{6}{5}\times\dfrac{6}{7}\times$

$\dfrac{8}{7}\times\dfrac{8}{9}\times\cdots$

（1）分析问题。

① 以阶乘运算5! $=1\times2\times3\times4\times5$为例，思考累乘问题的通项公式及累乘变量的初值。

② 观察公式，找出变化规律，确定item的构成，并构造由当前item计算

81

下一项item的计算公式。

③ 确定循环控制的方法。

（2）写出用自然语言或流程图描述的算法。

（3）根据循环控制的方法，选择for语句或while语句完成程序。

（4）运行、调试程序。

附：**参考**

1. 分析问题

（1）通项公式$\dfrac{i}{i-1} \times \dfrac{i}{i+1}$，初始值i=2。

（2）item=$\dfrac{i}{i-1} \times \dfrac{i}{i+1}$，s=s*item。

（3）循环控制的方法，i=2，输入终值n，i=i+2。

2. 描述算法

自然语言代码如图12所示，流程图如图13所示。

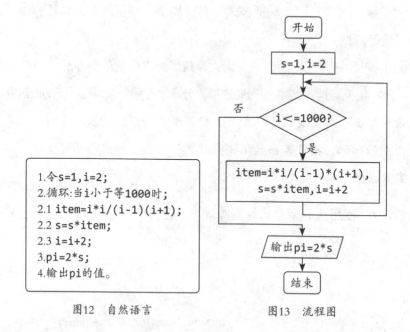

1.令s=1,i=2;
2.循环:当i小于等1000时;
2.1 item=i*i/(i-1)(i+1);
2.2 s=s*item;
2.3 i=i+2;
3.pi=2*s;
4.输出pi的值。

图12　自然语言

开始

s=1,i=2

i<=1000?　否

是

item=i*i/(i-1)*(i+1),
s=s*item,i=i+2

输出pi=2*s

结束

图13　流程图

3. 编写程序

用for语句的程序代码如图14所示，用while语句的程序代码如图15所示。

```
s = 1
n = 1000
for i in range(2, 1000+1, 2):
    s = s*i*i/((i-1)*(i+1))
pi = 2*s
print(pi)
```

图14　用for语句

```
s = 1
i = 2
n = 1000
while i<=n:
    s = s*i*i/((i-1)*(i+1))
    i+=2
pi = 2*s
print(pi)
```

图15　用while语句

4. 运行调试程序

代码及运行结果如图16所示。

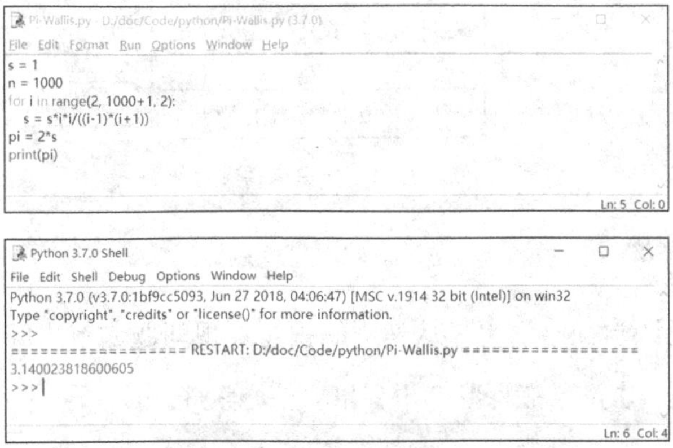

图16　代码及运行结果

5. 若想增加运算精度，可以让n等于输入的一个比较大的偶数

程序代码如图17所示。

```
s = 1
n = int(input("请输入一个偶数"))
for i in range(2, n+1, 2):
    s = s*i*i/((i-1)*(i+1))
pi = 2*s
print(pi)
```

图17　程序代码

（四）归纳总结

知识图谱如图18所示。

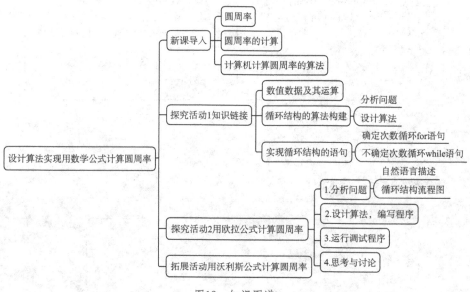

图18 知识图谱

【教学反思】

要学会把课堂交给学生，从学生的视角发现问题、解决问题，引导学生通过项目探究，主动掌握课堂知识，培养核心素养。

【课堂练习】

（一）选择题

1.下列选项中哪一项不是算法的基本结构（　　　）

A.顺序结构　　　　B.选择结构　　　　C.树形结构　　　　D.循环结构

2.在Python中输入代码：

```
>>> 5**2
```

执行结果是（　　）

A. 2　　　　　　B. 5　　　　　　C. 10　　　　　　D.25

3.在Python中输入代码：

```
>>>25//4
```

执行结果是（　　　）

A. 1　　　　　　　B. 6.25　　　　　　C. 6　　　　　　D. 0

4. Python编程求解100！代码如下：

```python
s = 1
for i in range(1, ____):
    s = s*i
print(s)
```

代码块中画线处应填入（　　　）

A. 99　　　　　　　B. 100　　　　　　C. 101　　　　　　D. i

5. Python代码如下：

```python
m = int(input("m = "))
n = int(input("n = "))
if m < n:
    t = n
    n = m
    m = t
for i in range(1, n):
    if m % i == 0 and n % i == 0:
        k = i
print(k)
```

若输入m=24，n=16，则运行的结果是（　　　）

A. 4　　　　　　　B. 8　　　　　　C. 16　　　　　　D. 24

（二）填空题

1. 在Python中输入如下代码，执行结果是_____。

>>>25%4

2. 在Python中输入如下代码，执行结果是_____。

```python
for i in range(0,3):
    print(i)
```

3.在Python中输入如下代码求100以内奇数的和，画线处的代码可以是_____。

```
s=0
for i in range(1,100,____):
    s=s+i
print(s)
```

4.图19是求50！算法的流程图，画线处应填写的是_____。

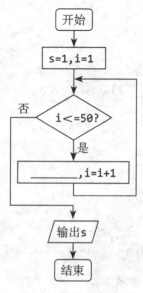

图19　算法流程图

5.在Python中输入如下代码求50！，画线处的代码可以是_____。

```
s = 1
i = 1
while i <= 50:
    s = s*i
    _____
print("s=", s)
```

（三）简答题

1. Python编程求解100以内奇数和、偶数和。

2. Python编程求解100以内质数的和。

3. Python编程求解100以内斐波那契数列的各项之和。

参考答案：

（一）选择题

1. C   2. D   3. C   4. C   5. B

（二）填空题

1. 1   2. 0，1，2   3. 2   4. s=s*i   5. i=i+1

（三）简答题

第1题（图20）：

```
s = 0
for i in range(1, 101, 2):
    s = s+i
print(s)
```

```
s = 0
for i in range(2, 101, 2):
    s = s+i
print(s)
```

```
sum = 0
for i in range(1, 101):
    if i % 2 != 0:
        sum = sum+i
    i += 1
print(sum)
```

```
sum = 0
for i in range(1, 101):
    if i % 2 == 0:
        sum = sum+i
    i += 1
print(sum)
```

图20　第1题答案示意图

下篇　实践课堂

87

第2题（图21）：

```
sum = 0
for i in range(2, 101):
    for j in range(2, i):
        if i % j == 0:
            break
    else:
        sum += i
print(sum)
```

图21　第2题答案示意图

第3题（图22）：

```
a, b = 0, 1
sum=0
while a < 100:
    print(a)
    sum=sum+a
    a, b = b, a+b
print(sum)
```

图22　第3题答案示意图

第2课时　设计算法实现用随机投点法计算

【教材分析】

"设计算法实现用随机投点法计算"这一小节使用随机投点法设计算法实现圆周率的计算。随机投点法算法的设计不同于公式法。首先，它通过在正方形里撒一把豆子，运用实验和数形结合的方法讲解随机投点法如何计算圆周率。然后，从需求出发，分析问题并提出解决问题的方法，在编程之前先引出基础知识条件表达式，并重点探究选择结构的算法设计思路及实现语句，从而使问题得到解决。之后思考与讨论如何提高计算精度，优化代码。最后，为比较欧拉公式和随机投点法计算圆周率的算法，又设计了活动对比两种计算圆周率的算法，通过对比让学生了解算法的优缺点，促进学生寻找最优算法，培养学生计算思维。

【学情分析】

本节课教学对象是高一学生，他们在初中就学习过图形化的编程工具，再通过前面项目学习了Python的基本知识、学会了安装并配置Python IDE，用编程解决了温标转换问题，体验了程序设计的基本流程，并在上一课时中，学会了设计算法实现用数学公式计算圆周率，掌握了数值运算、循环结构的算法构建和实现语句，有利于本小节知识学习。

【学业要求及核心素养】

1. 围绕"设计算法实现用随机投点法计算圆周率"，主动搜索相关的知识，如"条件表达式"和"选择结构"，选用合适的数字化工具，如用Office记录学习过程、用Python IDLE验证运行结果、用网络空间分享学习成果。（信息意识、数字化学习与创新）

2. 依据"设计算法实现用随机投点法计算圆周率"项目的需要，掌握Python语言的基本知识"条件表达式"和"选择结构"，利用Python编写程序实现用随机投点法计算圆周率。（计算思维）

3. 参与项目，完成"设计算法实现用随机投点法计算圆周率"任务，寻找不同算法来解决问题，培养坚持探索的精神。（信息社会责任）

【教学目标】

1. 学会条件表达式中的关系运算符和逻辑运算符。

2. 探究和理解选择结构，熟悉选择结构的算法构建和实现语句。

3. 能够从实例出发，利用Python语言设计算法实现用随机投点法计算圆周率。

4.能够比较算法的优劣，善于寻找最优算法。

【教学重难点】

教学重点：条件表达式、实现选择结构的语句。

教学难点：循环和选择结构的算法构建。

【教学方法】

项目式教学：从实验开始导入，以"设计算法实现用随机投点法计算圆周率"项目为导向，引导学生探究基础知识，完成项目任务。

探究式教学：学生自主探究"条件表达式""选择结构"等基础知识，分组探究"设计算法实现用随机投点法计算圆周率"项目。探究式教学有利于学生自主学习能力和团队合作能力的培养。

【教学环境】

软件：Python IDLE 、Off ice 2013、MindManager。

【教学过程】

（一）新课导入

1. 实验导入，创设情境，突破难点

教师实验展示随机投点法。（图23）

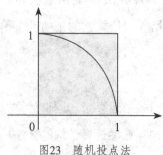

图23 随机投点法

实验说明：运用激光切割机切割木板并制作一个较大的正方体容器，在容器的底部雕刻出扇形的弧线，将若干颗豆子撒在正方体的底面（豆子不重叠），数一数落在扇形里面的豆子数hits，总豆子数为darts。

2. 教师提出问题，引发思考，引入项目主题

（1）数落在扇形里的豆子数hits和总豆子数darts。

（2）用随机投点法是如何求圆周率π的值的？

（3）如何利用计算机设计算法求圆周率？

3. 学生研究讨论，回答提问，进入项目情境

（1）$\dfrac{S_{扇}}{S_{正}} \approx \dfrac{\text{hits}}{\text{darts}}$。

（2）用随机投点法计算圆周率的推导过程：

$$\pi = \frac{S_{圆}}{R^2} = \frac{S_{圆}}{S_{正}} = \frac{4 \times S_{扇}}{S_{正}} 4 \times \frac{S_{扇}}{S_{正}} \approx 4 \times \frac{\text{hits}}{\text{darts}}$$

（3）使用计算机模拟随机投豆，也就是投点，通过点坐标（x, y）判断点所在的区域并且计数求圆周率，就是随机投点法（蒙特卡罗法）。

过渡：今天我们一起探究在计算机中利用Python语言，设计算法实现用随机投点法（蒙特卡罗法）计算圆周率。

设计意图：创设情境引入主题，了解常识有利于学习迁移，明确项目任务做到有的放矢。

（二）探究活动

活动1：自主学习"条件表达式"

过渡：请同学们先自主学习项目探究中所需的基本知识"条件表达式"。

教师：指导学生进行自主学习，提供个性化指导。

（1）常用的关系运算符有哪些？

（2）常用的逻辑运算符有哪些？

（3）尝试用Python IDLE 执行关系运算和逻辑运算。

学生：根据教师指导完成学习任务和实践操作。

设计意图：培养学生自主学习的能力，使学生掌握基本知识。

*知识链接："条件表达式"

在选择结构中需要根据判断条件是否被满足来执行不同的分支语句，在循环结构中则需要根据判断条件是否被满足来决定是否继续执行循环体语句。程序中表示判断条件的式子称为条件表达式，它由关系运算或逻辑运算构成，执的结果为布尔值True或False。

1. 关系运算符

关系运算符也称比较运算符，它的作用是对两个数据的值进行比较，比较的结果是一个布尔值。用关系运算符连接的表达式称为关系表达式。如果表达式成立，其值为True；如果表达式不成立，其值为 False。Python语言中的六种常用的关系运算符见表3。

表3　Python语言中的六种常用的关系运算符

Python运算符	数学符号	名称	示例（dist=0.87）	结果
<	<	小于	dist<1	True
<=	≤	小于等于	dist<=1	True
>	>	大于	dist>1	False
>=	≥	大于等于	dist>=1	False
==	=	等于	dist==1	False
!=	≠	不等于	dist!=1	True

特别需要注意的是，Python语言使用"="表示赋值语句，使用"=="表示"等于"。此外，Python语言支持连续比较，如判断一个数x是否为100到200之间的一个数，其条件表达式为100<=x<=200。

字符和字符串也可以进行比较运算，字符的比较对应字符ASCII码值的大小；字符串的比较则按照字典顺序进行，如图24所示。

```
>>>"Python"=="Python"
True
 >>>"Python">"Python"
False
 >>>"C"<"Python"
True
```

图24　程序运行图

2. 逻辑运算符

在实际问题中，对一些复杂的条件，需要用几个关系表达式组合起来表示，这种组合操作就是逻辑运算。常用的逻辑运算符包括与（and）、或（or）、非（not）。这三种运算符的运算顺序是先not，再and，最后or，但可以使用括号来调整运算的先后顺序。

例如，判断一个学生是否为体重（weight）大于50千克或者身高（height）小于155厘米的女生（gender：Female），条件表达式可写为

```
(gender=="Female") and (weight>50 or height<155)
```

表达式中的括号可以用于定义运算的优先级，这与数学中括号的作用相同。上式中先执行括号里的or运算，再执行and运算。如果不用括号，使用了如下的条件表达式：

```
gender=="Female" and weight>50 or height<155
```

那么表达式先执行and运算，再执行or运算，其含义变为判断一个学生是否为体重大于50千克的女生，或者身高小于155厘米的学生（不论男女）。

活动2：探究学习"实现选择结构的语句"

教师：指导学生进行自主探究：

（1）if语句实现选择结构，有哪三种基本形式？

（2）探究用单分支语句求x的绝对值。

（3）探究用双分支语句编写一个让小学生练习100以内正整数减法的程序，分析问题，设计算法，编写程序，运行调试。

（4）探究用多分支语句编写程序，程序功能为输入身高和体重，计算身体质量指数BMI，并给出健康信息。

（5）比较：哪种分支结构的算法效率更高，为什么？

学生：根据教师指导完成自主探究和实践操作。

设计意图：培养学生自主探究的能力，使其掌握基本知识和技能。

*知识链接："实现选择结构的语句"

Python语言用if语句实现选择结构，包括以下三种基本形式。（表4）

下篇 实践课堂

表4 基本形式

单分支语句	双分支语句	多分支语句
if条件表达式： 语句块1	if条件表达式： 语句块1 else: 语句块2	if 条件表达式1： 语句块1 elif 条件表达式： 语句块2 else: 语句块n

语句块是if语句的条件被满足时执行的一个或多个语句序列。语句块中的语句通过与if、else、elif等关键字所在行形成缩进格式来表示包含关系。

单分支语句：if语句首先运算条件表达式，如果结果为True，则执行语句块里的语句序列；如果结果为False，则语句块里的语句会被跳过。单分支结构流程图如图25所示。

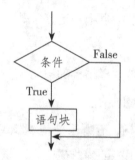

图25 单分支结构流程图

例如，求x的绝对值的语句如图26所示。

```
x = int(input())
if x < 0:
    x = -x
print(x)
```

图26 求x绝对值的语句

双分支语句：Python语言用if…else语句来实现双分支结构，语句块1是if语句的条件被满足时执行的一个或多个语句序列，语句块2是if语句的条件不被满足时执行的一个或多个语句序列。

双分支语句针对条件的两种可能结果True或者False分别形成两条执行路径。双分支结构流程图如图27所示。

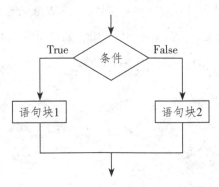

图27　双分支结构流程图

例如，编写一个让小学生练习100以内正整数减法的程序，程序随机产生两个正整数x、y，然后向学生提问类似"92-14="这样的问题，学生回答问题后，程序显示答案是否正确。

这个程序要完成两次判断：第一次，产生的两个随机数x和y应满足x≥y才能得到非负整数的结果，如果不是，出题目的时候应该改为y-x。第二次，要将学生输入的答案与正确答案进行比较，给出"正确"或"错误"的反馈。这两个判断都是双分支结构。程序中要用到随机函数randint（a，b），产生一个[a，b]中的整数。程序代码如图28所示。

```python
import random
x, y = random.randint(1, 100), random.randint(1, 100)
if(x >= y):
    print("%d-%d" % (x, y))
    answer = x-y
else:
    print("%d-%d=" % (y, x))
    answer = y-x
youranswer = int(input())
if youranswer == answer:
    print("正确")
else:
    print("错误")
```

图28　程序代码

多分支语句：Python语言用if…elif…else语句来实现多分支结构，多分支结构是双分支结的扩展。程序运行时依次判断if语句和elif语句的条件是否被满足，如果结果为True，则执行该条件下的语句块，语句块执行结束后跳出整个if…elif…else结构，执行后面的语句；如果结果为False，则转向下一个条件进行判断。如果没有任何条件被满足，则执行else下面的语句块。else子句是可选的。多分支结构流程图如图29所示。

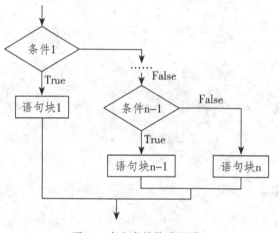

图29 多分支结构流程图

例如，编写程序，输入身高和体重，计算身体的质量指数BMI值，并给出健康信息。这个功能可以通过两种分支结构来实现，语句分别如图30和图31所示。

```python
height = eval(input("请输入身高(米): "))
weight = eval(input("请输入体重(千克): "))

bmi = weight / pow(height, 2)
print("BMI 数值为: %.2f" % bmi)

if bmi < 18.5:
    print("BMI 指标为:偏瘦")
if 18.5 <= bmi < 25:
    print("BMI 指标为:正常")
if 25 <= bmi < 30:
    print("BMI 指标为:偏胖")
if bmi >= 30:
    print("BMI 指标为:肥胖")
```

图30 单分支语句代码

```
height = eval(input("请输入身高(米): "))
weight = eval(input("请输入体重(千克): "))

bmi = weight / pow(height, 2)
print("BMI 数值为: %.2f" % bmi)

if bmi < 18.5:  # < 18.5
    print("BMI 指标为:偏瘦")
elif bmi < 25:  # 18.5 <= bmi < 25
    print("BMI 指标为:正常")
elif bmi < 30:  # 25 <= bmi < 30
    print("BMI 指标为:偏胖")
else:
    print("BMI 指标为:肥胖")
```

图31 多分支语句代码

上面程序中eval函数的作用是将字符串参数转化为有效的表达式，求值并返回计算结果，具体到此处为自动识别输入的身高字符串和体重字符串，并转化为数值数据。两个程序的运行结果是相同的，但是它们的算法效率有明显差异。例如，当计算出的BMI值为18时，对比它们的执行过程：若执行多分支语句，进入第一个分支，输出结果后，程序执行结束；若执行单分支语句，第一个if语句继续依次执行后三条if语句，并运算条件表达式的值。所以多分支语句的算法效率更高。

活动3：项目探究 "设计算法实现用随机投点法计算圆周率"

教师：指导学生进行合作探究。

（1）学生分组：每4人一组，自由分工，合作探究。

（2）探究案例：设计算法用随机投点法计算圆周率，分析问题，描述算法，编写程序，运行调试。

（3）记录每次程序运行结果，寻找规律。

（4）小组思考讨论：如何提高圆周率的计算精度，同样的参数多次运行结果是否一样?

（5）小组推荐1名同学汇报研究成果，分享学习感受。

*知识链接：设计算法用随机投点法计算圆周率

分析问题：

使用计算机模拟随机投豆（也就是投点）的整个过程如下：

首先，确定总的投点数darts。

然后，在边长为1的正方形中投点，并判断这个点是否在扇形区域内，如果在，则扇形区域的投点数hits增加1。（每个投点的x坐标和y坐标都是$[0，1)$中的随机数；若$x^2+y^2<1$，则判断该点投在扇形区域内。）

最后，在所有点投完后，计算圆周率的近似值pi：

$$pi = 4 \times \frac{hits}{darts}$$

这里涉及的数据变量有总的投点数darts，每个点的坐标值x、y，扇形区域的投点数hits，圆周率的近似值pi。

设计算法，编写程序：

用随机投点法计算圆周率的算法如图32所示。

```
1.输入总的投点数darts;
2.令hits=0;
3.循环:i从0到dars-1,step=1;
3.1 获取x,y的随机值;
3.2 如果x²+y²<1,则hits增加1;
4.计算圆周率的近似值;
5.输出圆周率的近似值.
```

图32　算法示意

思考与讨论：算法中哪几步在重复执行？

附：参考

算法中3.1及3.2在重复执行。

该算法的流程图和用Python语言编写的程序如图33和图34所示，请把它们补充完整。程序中用到了Python标准库中random模块提供的系统函数random，它可随机产生一个$[0，1)$中的实数。

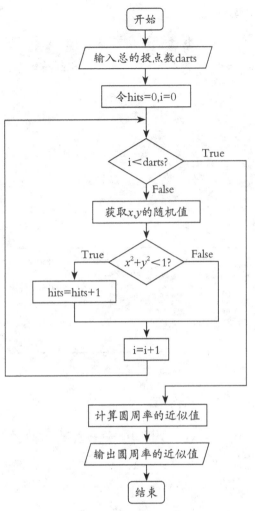

图33　算法的流程图

```
from math import sqrt
from random import random
darts = int(input("请输入总的投点数："))
hits = 0
for i in range(darts):
    x, y = random(), random()
    if x*x+y*y < 1:
        hits = hits+1
pi = 4*(hits/darts)
print('pi的值是', pi)
```

图34　用 Python语言编写的程序

3. 运行、调试程序

在Python中创建并运行程序，检查运行结果。（图35）可以发现，当总投点数为1000时，pi值的精确度还是很低的。通过增加总投点数，可以提高pi值的精确度。

图35　代码及运行结果

思考与讨论：

（1）分别输入1000、5000、10000，得到圆周率的近似值分别可以准确到第几位？

（2）多次输入同样的总投点数1000，会得到不同的结果，这是为什么？如何减少这种不确定性？

附：参考

（1）分别输入1000、5000、10000，运行结果见表5。

表5　运行结果列表

darts	pi的值	准确的小数位数
1000	3.108	1
5000	3.1608	1
10000	3.1524	1
100000	3.14328	2
1000000	3.141848	3

（2）多次输入1000的运行结果见表6，随机投点法在数据量较小的情况下，不确定性（随机性）很大，但是随着数据规模的增大，结果也越来越精确。

表6　多次输入1000的运行结果列表

darts	pi的值	准确的小数位数
1000	3.108	1
1000	3.152	1
1000	3.12	1
1000	3.216	0

圆周率 π 是一个无限不循环小数，无论是用数学公式计算，还是用随机投点法计算，本质上都是对 π 的精确值的无限逼近。选择合适的计算方法，并设计出高效的算法正是用计算机解决类似问题的一般思路。

（三）归纳总结

知识图谱如图36所示。

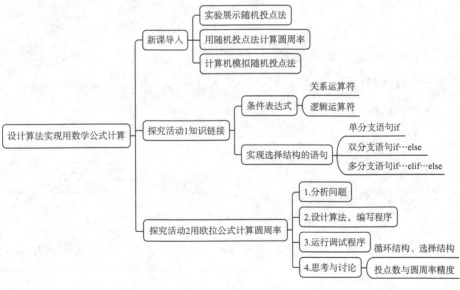

图36　知识图谱

【教学反思】

教师要善于创设情境，引导学生发现问题，激发学生探究问题的内驱力，

下篇 实践课堂

使学生自主探究学习相关知识，和同学合作探究问题和任务的解决办法，从而完成项目探究，培养学生的数字化学习能力和创新精神，锻炼学生计算思维。

【课堂练习】

（一）选择题

1. 下列选项中哪一项不是选择结构语句？（　　　）

A. if　　　　　　B. if…else　　　　C. if…elif…else　　D. for

2. 在Python中输入如下代码：

```
>>> "Python" > "python"
```

执行结果是（　　　）

A. True　　　　　B. False　　　　　C. 0　　　　　　D. 1

3. 在Python中输入如下代码：

```
>>>0.99 != 1
```

执行结果是（　　　）

A. 0　　　　　　B. 1　　　　　　C. True　　　　　D. False

4. Python编程求解 x 的绝对值代码如下：

```
x = int(input(' '))
if x < 0:
    x=____
print(x)
```

代码块中画线处应填入（　　　）

A. x　　　　　　B. –x　　　　　　C. 0　　　　　　D. x+1

5. Python代码为x = random.randint(1,100)，则 x 的取值范围是（　　　）

A. 1～99　　　　B. 2～99　　　　C. 1～100　　　　D. 2～100

（二）填空题

1. 在Python中输入如下代码，执行结果是_____。

```
>>> 3%2==1
```

2. 在Python中输入如下代码，执行结果是_____。

```
>>> >>> 3>2 and 'A'>'a'
```

3. 在Python中编random（   ），可以随机产生实数的范围是_____。

4. 在Python中求*x*的绝对值的代码如下，画线处应填写的是_____。

```
x = int(input('请输入一个整数：'))
if x >= 0:
    x = x
_____:
    x=-x
print('x的绝对值为', x)
```

5. 在Python中编写代码使用随机投点法计算圆周率，画线处的代码可以是_____。

```
darts = int(input('请输入总的投点数：'))
hits = 0
for i in range(darts):
    x, y = random(), random()
    if_____:
        hits = hits+1
pi = 4*(hits/darts)
print('pi的值是', pi)
```

（三）简答题

1. Python编程实现以下功能：输入两个整数，比较它们的大小。

2. Python编程制作猜数字游戏（0～100范围内的整数）。

3. Python编程求解100以内所有质数的和。

参考答案：

（一）选择题

1. D   2. B   3. C   4. B   5. C

（二）填空题

1. True   2. False   3. [0，1)   4. else   5. x*x+y*y<1

（三）简答题

第1题（图37）：

```
print("请输入两个整数")
a = int(input("m = "))
b = int(input("n = "))
if a < b:
    print('a<b')
elif a > b:
    print('a>b')
else:
    print('a=b')
```

图37　第1题答案示意图

第2题（图38）：

```
import random
num = random.randint(0, 100)
while True:
    guess = int(input('输入猜测的数字：'))
    if guess == num:
        print('正确')
        break
    elif guess < num:
        print('偏小')
    else:
        print('偏大')
```

图38　第2题答案示意图

第3题（图39）：

```
sum = 0
for i in range(2, 101):
    for j in range(2, i):
        if i % j == 0:
            break
    else:
        print('%d是个素数' % i)
        sum += i
print('1~100所有的质数的和为:', sum)
```

图39　第3题答案示意图

第3课时　算法分析比较与项目总结

【教材分析】

本项目旨在通过对用计算机计算圆周率项目的学习设计简单数值数据算法，在第一小节教材设计了小项目"设计算法实现用数学公式计算"并完成数值数据及其运算、构建循环函数及实现循环语句的学习；第二小节又设计了小项目"设计算法实现用随机投点法计算"并完成了条件表达式、实现选择结构语句的学习。教材中又设计了活动"对比两种计算圆周率的算法"。考虑教材内容和课时安排，将这一活动调整到第3课时，让学生更加充分深入地对算法进行对比，锻炼学生的计算思维。

【学情分析】

本节课教学对象是高一学生，他们在初中就学习过图形化的编程工具；通过项目七的两个课时的学习熟悉了Python数值数据及运算、条件表达式、循环结构和选择结构，能够用不同算法编程计算圆周率；但不熟悉算法的对比方法，本课可以引导学生继续展开探究和总结。

【学业要求及核心素养】

1. 围绕设计算法计算圆周率，主动通过网络搜索其他算法，利用数字化资源Python官网提供的turtle库相关知识探究模拟随机投点法图形。（信息意识、数字化学习与创新）

2. 依据"设计算法计算圆周率"项目的需要，优化算法功能，对比不同算法运行时间和精度，寻找较优算法解决问题。（计算思维）

3. 参与项目，从算法实现到多种算法，再到最优算法，培养学生追求卓越的科学精神。（信息社会责任）

【教学目标】

1. 学会时间函数，熟悉输出运行时间。

2. 能够从计算结果精度、程序运行时间、算法理解的难易程度等方面来对算法进行比较，善于发现较优的算法。

3. 能够自主发现探究拓展圆周率计算的算法，如贝利–波尔温–普劳夫公式。

4. 能够学会调用turtle库，模拟随机投点法计算圆周率的投点图像，直观感受随机投点法。

5. 能够分享展示小组项目的完成情况，总结本项目学习的知识点。

【教学重难点】

教学重点：对比算法、自主发现设计算法、调用turtle库绘图。
教学难点：对比算法。

【教学方法】

项目式教学：从算法对比开始进行项目总结，通过寻找其他算法拓展项目广度，以"模拟随机投点法图像"拓展项目深度，从而拓展延伸项目研究。

探究式教学：学生自主探究turtle库相关语句，学会利用计算机模拟随机投点法投点图像；分组探究用两种不同算法计算圆周率所需的时间和精度。

【教学环境】

软件：Python IDLE、Turtle库。

【教学过程】

（一）新课导入

1. 问题导入，明确主题任务，激发学习兴趣

同学们，在之前的两个课时中，我们一起探究了计算圆周率的不同方法，今天我们一起来对比不同的算法！下面大家带着如下问题进入探究学习。

问题：

（1）从哪些方面对比算法？

（2）对于可变精确度，你能优化算法吗？

（3）能不能利用计算机模拟随机投点法的图像让算法更直观？

（4）你还能不能找到其他计算圆周率的算法？

2. 学生研究讨论，教师引导学生回答提问，进入项目主题任务

（1）可以从计算结果的精确度、程序运行时间、算法理解的难易程度等方面对比算法。

（2）可以引入精确度控制变量，将输入值赋给变量，通过变量控制循环。

（3）调用Python的turtle库模拟绘图。

（4）用贝利–波尔温–普劳夫公式计算圆周率。

设计意图：利用问题引导学生思考，激发学生学习的兴趣，明确项目任务，做到有的放矢。

（二）探究活动

活动1：自主探究——优化数学公式法程序

过渡：我们知道可以从算法的计算结果精确度、运行时间以及算法理解

下篇

实践课堂

的难易程度等方面对比算法，在开始对比算法之前，请同学们先优化一下数学公式法程序，实现可输入精确度，输出运行时间，方便对比。

教师：指导学生进行自主探究。

（1）如何实现程序输入精确度？

（2）如何实现程序输出运行时间？

（3）记录程序多次运行结果。

学生：根据教师指导完成学习任务和实践操作。

设计意图： 培养学生自主探究能力。

程序代码——公式法，如图40所示，程序运行结果记录见表7。

```
from math import sqrt
from time import clock #引入clock函数
limit = float(input("输入精确度: ")) #limit输入精确度
start=clock() #启动计时器时间
i = 1
s = 0
item = 1
while item > limit: #利用limit控制循环
    s = s+item
    i = i+1
    item = 1/(i*i)
pi = sqrt(6*s)
print("pi的值是", pi)
end=clock() #结束计时器时间
print("运行时间是:%s秒"%(end-start))   #输出程序运行时间
```

图40　程序代码——公式法

表7　程序运行结果记录表

limit	pi的值	准确的小数位数	运行时间（秒）
0.0001	3.1319807472443624	1	0.0010078000000000031
0.00001	3.1385740505663335	1	0.001090900000001227
0.000001	3.14063710098594	2	0.0019390999999995273
0.0000000001	3.141583104230963	4	0.04292079999999743

活动2：自主探究——优化随机投点法程序

过渡：下面再请同学们先优化一下随机投点法程序，实现可输出运行时间，改变投点数，多次运行程序，记录每次的运算结果，方便对比。

教师：指导学生进行自主探究。

（1）如何实现程序输出运行时间？

（2）记录程序多次运行结果。

学生：根据教师指导完成学习任务和实践操作。

设计意图：培养学生自主探究能力。

程序代码——随机投点法，如图41所示，程序运行结果记录见表8。

```python
from math import sqrt
from time import clock
from random import random
darts = int(input('请输入总的投点数: '))
start=clock() #启动计时器时间
hits = 0
for i in range(darts):
    x, y = random(), random()
    if x*x+y*y < 1:
        hits = hits+1
pi = 4*(hits/darts)
print('pi的值是', pi)
end=clock() #结束计时器时间
print("运行时间是:%s秒"%(end-start))    #输出程序运行时间
```

图41　程序代码——随机投点法

表8　程序运行结果记录表

darts	pi的值	准确的小数位数	运行时间（秒）
1000	3.184	1	0.0011107999999997453
10000	3.1496	2	0.006078800000000051
100000	3.1412	3	0.050518799999998976
100000000	3.14143548	3	42.344270699999996

活动3：分组探究——两种算法的对比

过渡：请同学们通过多次运行优化的程序的结果，对比两种算法。

下篇

实践课堂

教师：指导学生进行分组探究。

（1）学生分组：4人一组，合理分工，每组推荐一人分享本组合作探究成果。

（2）分别从计算结果的精确度、程序运行时间、算法的理解难易程度等方面来对比算法。

学生：分组完成算法对比任务，分享探究结果。

设计意图：通过小组合作探究、分享、评价等活动，培养学生的合作探究能力。

公式法和随机投点法的对比见表9。

表9　两种算法的对比

算法	公式法	随机投点法
计算结果的精确度	较高	较低
程序运行时间	较短	较长
算法的理解难易	不易理解	容易理解

（三）拓展活动

活动4：设计算法实现用贝利–波尔温–普劳夫公式计算圆周率

过渡：除了之前我们所设计的计算圆周率的算法，其实还有很多，如贝利–波尔温–普劳夫公式计算圆周率，请同学们根据已学习的知识和技能自主探究。

教师：指导学生进行自主探究。

（1）如何设计程序？

（2）这个算法与之前的算法对比，优点和缺点分别是什么？

学生：根据教师指导完成学习任务和实践操作。

设计意图：巩固升华知识，培养学生的计算思维和自主探究能力。

利用贝利–波尔温–普劳夫公式计算圆周率：

$$\pi = \sum_{k=0}^{\infty} \left[\frac{1}{16^k} \left(\frac{4}{8k+1} - \frac{2}{8k+4} - \frac{1}{8k+5} - \frac{1}{8k+6} \right) \right]$$

1. 分析问题

观察上面的数学公式可知，圆周率的值无限趋近于一个含有k的表达式

（从0到无穷大所有项之和）。有规律的数据项连续相加的问题（累加问题）可用计算机算法处理，即逐项累加。

累加通项公式：

$$pi= pi+item$$

每一项的值：

$$item= \frac{1}{16^k}\left(\frac{4}{8k+1}-\frac{2}{8k+4}-\frac{1}{8k+5}-\frac{1}{8k+6}\right)$$

k的值从0到k开始，每次增加1，解决本问题需要重复进行的工作是累加item到pi，即pi=pi+item。

2. 设计算法，编写程序

程序代码如图42所示。

```
import time
N = int(input("请输入N:"))
start=time.time() #start变量记录开始时间
pi = 0
for k in range(N):
    pi += 1/pow(16, k)*(
        4/(8*k+1)-2/(8*k+4) -
        1/(8*k+5)-1/(8*k+6))
print("圆周率值是: {}".format(pi))
end=time.time() #end变量记录结束时间
print("运行时间是:%s秒" % (end-start))  # 输出程序运行时间
```

图42   程序代码

3. 运行、调试程序

在Python中创建并运行程序（图43），检查运行结果（表10）。

下篇·实践课堂

```
Python 3.7.0 Shell                                        —    □    ×
File  Edit  Shell  Debug  Options  Window  Help
Python 3.7.0 (v3.7.0:1bf9cc5093, Jun 27 2018, 04:06:47) [MSC v.1914 32 bit (Intel)] on win32
Type "copyright", "credits" or "license()" for more information.
>>>
========================= RESTART: D:/desktop/Y/Pi-BBP.py =========================
请输入N:100
圆周率值是: 3.141592653589793
运行时间是:0.015130043029785156秒
>>>
                                                                     Ln: 8  Col: 4
```

图43　代码

表10　程序运行结果记录表

N	pi的值	准确的小数位数	运行时间（秒）
1	3.13333333333333333	1	0.00077459999999997366
10	3.1415926535897913	14	0.0009185000000000443
100	3.141592653589793	15	0.015130043029785156

活动5：模拟随机投点法计算圆周率时的投点图像

教师：演示计算机模拟随机投点法计算圆周率时的投点图像。

设计意图：创设情境，激发学生学习兴趣。

过渡：同学们，刚才的投点图像如何在计算机中实现呢？其实主要是用Python绘图库turtle来实现，请同学们学习网络资料，自主探究。

教师：提供网络学习资源，指导学生进行自主探究。

https://docs.python.org/zh-cn/3.7/library/turtle.html

（1）要用到哪些函数和turtle方法？

（2）如何实现turtle模拟作图？

学生：根据教师指导完成学习任务和实践操作。

设计意图：学生通过网络学习资料自主探究，可以培养数字化学习和创新能力，锻炼计算思维，实现核心素养的有效提升。

附：参考

1. random函数及turtle方法

（1）random函数。

random()随机产生一个0～1范围内的浮点数。

（2）turtle方法。

bgcolor() 背景颜色；

speed() 速度；

hideturtle() | ht() 隐藏海龟；

penup() | pu() | up() 画笔抬起；

goto() | setpos() | setposition() 前往/定位；

dot() 画点。

2. 设计算法，编写程序

在黑色画布上画随机点位，如果点落在扇形内画蓝点，如果点不在扇形内画白点。

程序代码如图44所示。

```
from random import random
from math import sqrt
import turtle
darts = int(input("请输入一个整数:"))
hits = 0   # 计算投到扇形上的点的个数

turtle.bgcolor("black")  # 设置背景色为黑色
turtle.speed(0)  # 设置作图速度
turtle.hideturtle()  # 隐藏作图标记
for i in range(1, darts):
    x, y = random(), random()
    turtle.penup()  # 抬笔
    turtle.goto(500*x-250, 500*y-250)  # 移动至作图位置
    dist = sqrt(x ** 2 + y ** 2)
    if dist <= 1.0:
        hits = hits + 1
        turtle.dot("blue")  #画点（蓝色）
    else:
        turtle.dot("white") #画点（白色）
turtle.exitonclick()  #当鼠标点击退出
pi = 4 * hits / darts
print("Pi值是{}.".format(pi))
```

图44　程序代码

下篇

实践课堂

3.运行、调试程序

运行结果如图45所示。

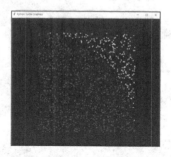

图45　运行结果

（四）归纳总结

知识图谱如图46所示。

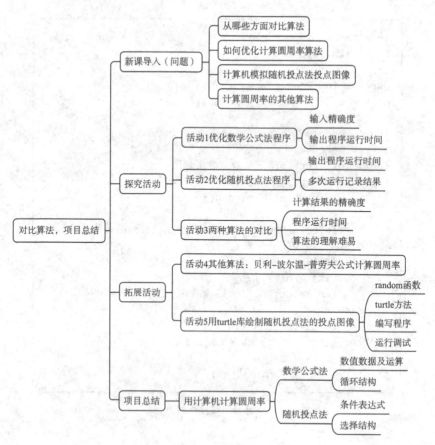

图46　知识图谱

（五）学生习题

例： 输入一个任意正整数，求它的逆序数。

1. 分析问题

分析问题的过程如图47所示。

第一次	第二次	第三次	结束
726%10=6	72%10=2	7%10=7	
0*10+6=6	6*10+2=62	62*10+7=627	
726//10=72	72//10=7	72//10=7	

图47　分析问题

例如726→627，每次取出该数的最后一位数字，构造出一个新的整数。

构造循环控制时，可以将表示输入数的变量作为控制变量，输入初始值后，每次整除10，直到该数为0时循环结束。

2. 设计算法

算法描述如图48所示。

```
设输入的数为num，逆序数为reverseNum
1.输入一个正整数num;
2.令reverseNum=0时;
3.循环：当num>0;
3.1 reverseNum=reverseNum*10+num%10;
3.2 num=num//10;
4.输出reverseNum.
```

图48　算法描述

3. 编写程序

程序代码如图49所示。

```python
num = int(input("请输入一个数:"))
reverseNum = 0
while(num):
    reverseNum = reverseNum*10+num % 10
    num = num//10
print("它的逆序数是:", reverseNum)
```

图49　程序代码

下篇 实践课堂

115

4. 运行、调试程序

运行结果如图50所示。

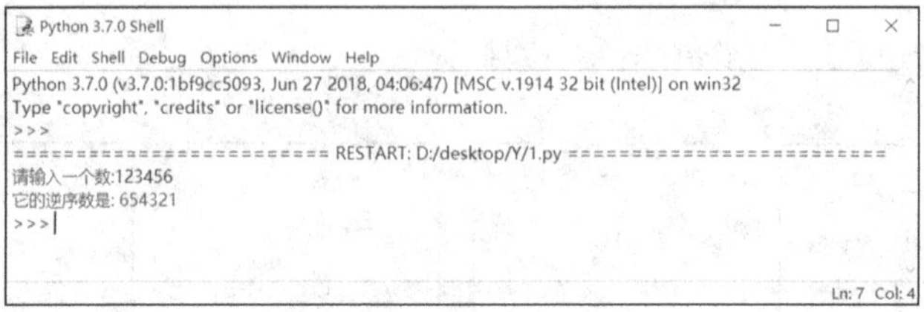

图50　运行结果

【教学反思】

要以学生为学习主体，通过创设情境，激发学生学习兴趣；提供网络学习资料并进行指导，搭建支架，引导学生进行自主探究学习；立足于问题，通过设计项目和任务，让学生在探究活动中主动完成任务，充分挖掘项目，并最终解决问题，有效推动学生核心素养的提升。

【课堂练习】

（一）选择题

1. 下列选项中哪一项不是Python数据类型？（　　　）

A. int　　　　　　　B. float　　　　　　C. str　　　　　　　D. Ture

2. 在Python中random()函数不可能的取值范围是（　　　）

A. 0　　　　　　　　B. 1　　　　　　　　C. 100　　　　　　　D. 0.5

3. 在Python中输入如下代码：

```
>>>72//10
```

执行结果是（　　　）

A. 7　　　　　　　　B. 2　　　　　　　　C. 7.2　　　　　　　D. 0

4. Python编程求解1～100的和，代码如下：

```
s = 0
for i in range(1,_____):
```

116

```
    s = s+i
print(s)
```

代码块中画线处应填入（   ）

A. 99   B. 100   C. 101   D. i

5. Python代码如下：

```
m = int(input("m = "))
n = int(input("n = "))
if m > n:
    t = m
else:
    t = n
while True:
    if t % m == 0 and t % n == 0:
        k = t
        break
    t = t+1
print(k)
```

若输入m=24，n=16，则运行的结果是（   ）

A. 8   B. 16   C. 24   D. 48

（二）填空题

1. 在Python中输入如下代码，执行结果是_____。

```
>>>72%10
```

2. 在Python中输入如下代码，执行结果是_____。

```
print(True==1 and False!=0)
```

3. 在Python中，起笔和抬笔的turtle方法分别是_____、_____。

4. 下面的程序可实现判断输入的年份是不是闰年，则画线处应填写的分别是_____、_____。

```
i=int(input("请输入年份:"))
```

```
if i % 400 == 0 _____ i % 4 == 0_____ i % 100 != 0:
    print("闰年")
else:
    print("不是闰年")
```

5.下面程序可实现用turtle方法绘制一个正方形，画线处的代码可以是____
____。

```
for i in range(4):
    turtle.forward(100)
    turtle.right(____)
```

（三）简答题

1.设计程序实现将十进制数转换成二进制数。

2.用Python绘制九九乘法表。

3.用Python编程绘制红色五角星。

参考答案：

（一）选择题

1. D   2. C   3. A   4. C   5. D

（二）填空题

1. 2   2. False   3. pendowm; penup   4. or; and   5. 90

（三）简答题

第1题（图51）：

```
num = int(input("请你输入一个十进制的数："))
binstr = ""
while num != 0:
    a = num % 2
    binstr = str(a) + binstr
    num //= 2
print(binstr)
```

图51　第1题答案示意图

第2题（图52）：

```
i = 1
while i <= 9:
    j = 1
    while j <= i:
        print(f'{j}*{i}={i*j}', end='\t')
        j += 1
    if j <= 9:
        print()
    i += 1
```

```
1*1=1  2*2=4
1*2=2  2*3=6   3*3=9
1*3=3  2*4=8   3*4=12  4*4=16
1*4=4  2*5=10  3*5=15  4*5=20  5*5=25
1*6=6  2*6=12  3*6=18  4*6=24  5*6=30  6*6=36
1*7=7  2*7=14  3*7=21  4*7=28  5*7=35  6*7=42  7*7=49
1*8=8  2*8=16  3*8=24  4*8=32  5*8=40  6*8=48  7*8=56  8*8=64
1*9=9  2*9=18  3*9=27  4*9=36  5*9=45  6*9=54  7*9=63  8*9=72  9*9=81
```

图52　第2题答案示意图

第3题（图53）：

```
import turtle
turtle.penup()
turtle.goto(-100,100)
turtle.color('red','red')
turtle.begin_fill()
turtle.pendown()
for i in range(0, 5):
    turtle.forward(200)
    turtle.right(144)
turtle.penup()
turtle.end_fill()
turtle.hideturtle()
turtle.done()
```

图53　第3题答案示意图

案例二　Python中批量数据的表示和操作方法

——以列表数据类型为例

【教学内容分析】

批量数据的表示和操作是沪科教版高中信息技术教材中第三单元《算法和程序设计》项目八的内容。本课结合"数据存储和表达"与"程序编写"，让学生更容易理解当遇到大量的数据集合时应当选用正确的载体来承接，更直观地体验从基本变量过渡到变量的集合的基本过程，从而为接下来的算法程序设计做好铺垫。

【学情分析】

本课的教学对象是高中一年级的学生。本课之前，学生已经学习了算法的概念和特点，知道如何使用流程图、自然语言来描述算法，了解了顺序、分支、循环三种算法结构的执行特点；学习了程序设计的基本思想，掌握了赋值语句、分支语句、循环语句的基本用法和Python的基本操作。这些都为本课内容的学习提供了良好的知识储备。对于高中生而言，利用列表来帮助存储大量的数据集合的思想比较容易理解，但学生还是缺乏对组合类型数据的使用经验和实际解决问题的能力。因此，期望通过对本节课的学习，学生能根据实际情况，分析关键步骤，设计和优化程序，最终解决问题。

下篇

实践课堂

121

【教学目标】

知识与技能：

（1）描述Python中组合数据类型中列表的基本概念。

（2）解释如何用列表来存储和表示批量数据的基本思路。

（3）用程序来表示和操作批量数据。

过程与方法：

从用变量来存储单个数据引申出当存在批量数据时如何用程序设计来存储和使用，进而引出列表的相关概念和使用方法；通过几个例子的分析、编程实践、交流等环节，体验用计算机解决问题的基本过程和方法。

情感态度与价值观：

（1）体会计算机在存储批量数据时也需要缜密的逻辑。

（2）通过批量体温的数据观察，总结规律，为接下来的疫情防控做好充足准备。

【核心素养】

1. 增强信息意识。因为之前的学习，学生对于单独的数据比较容易处理，如单个人的体温和37.5摄氏度进行比较，但对于批量的体温数据，该用什么方式存储和使用，怎么利用批量体温数据得出更有效的结论都是本节课的内容。所以本节课的目的在于增强学生对于批量数据的信息意识，发掘其更高的价值。

2. 发展计算思维。对于批量数据的处理，尽可能地挖掘更有效的信息，是本节课的主要内容，通过本节课，提高学生的计算思维能力，帮助学生建立一种对批量数据处理的方法模型，掌握处理批量数据的步骤和流程。

3. 培养数字化学习和创新能力。根据教师提供的源代码，进行数字化学习和创新，进而用新代码解决自己所需要解决的问题，提升数字化学习和创新能力。

4. 树立正确的社会价值观和责任感。使用批量操作可以节约大量的人力成本。

【教学重难点】

教学重点：根据实际问题分析批量数据并得出结论。

教学难点：会利用多种方法来操作批量数据并得出相关结论。

【教学资源】

1. 软件：海龟编辑器（Python）。

2. 教学课件：批量操作体温数据——感知幸福生活的来之不易。

3. 学习单：学生导学资料PPT、课堂学习记录单。

4. 其他资源：教师提供"需要补充的源代码"，学生在此基础上完成代码的填充，实现程序以及问题的求解。

【教学评价】

围绕"在计算机中如何存储批量数据""如何操作批量数据"这两个主要问题，开展上机编写程序、交流讨论活动，通过填写"课堂学习记录单"，对学生的学习过程进行记录，进而给予评价。

【教学过程】

（一）情境导入

教师提供视频和图片，介绍测温数据；提供用于计算某患者在康复期间连续14天的平均体温的电子表格，让学生使用电子表格求出相应的平均体温；介绍使用Python中组合数据类型中的列表来代替电子表格存储批量数据和使用编程求解平均温度的任务。

学生在导入活动中使用电子表格软件处理数据，并倾听、思考教师给出的问题。

（二）新知讲授

探究列表及其使用，讲解列表的定义及其使用方法。教师引导学生探究列表与电子表格中一列或者一行单元格的区别与联系，进而引导学生利用列表求平均体温等问题。学生编程计算平均体温并互相交流。

（三）探究方法

教师引导学生分析计算平均体温问题，找出解决批量数据问题的规律，使用循环结构来解决问题；总结访问列表数据项的两种方法_____下标访问和迭代访问。利用电子表格软件中使用过的average函数，引出在Python中用自定义函数来求平均值，并讲授函数的定义和使用方法，引导学生编程求平均体温。学生在这个环节交流如何使用循环结构求平均体温，以及如何使用Python的自定义函数来构建average函数。

（四）总结

教师引导学生对比列表和电子表格中批量数据的表示方法，总结列表的定义与使用方法。学生倾听并且思考，感受有大量数据处理需要更多的人力、物力，明白幸福生活来之不易。

【学生导学资料PPT】

以下列举了部分导学PPT的相关内容。

（一）列表的概念

列表是由一系列按特定顺序排列的元素组成的表格（图1），我们可以创建包含不同类型的数据的列表，如字母表、数字表、家庭成员列表名单。列表中元素的类型可以不同，甚至可以包含列表（列表嵌套）。

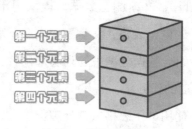

图1　列表示意图

（二）列表的索引

命令格式：List=[元素1，元素2，元素3，元素4]。

命令功能：使用中括号"[ ]"创建列表"List"。

列表索引如图2所示。

图2　列表索引示意图

（三）列表的访问

命令格式：

列表名[下标]

列表名[前下标：后下标]

命令功能：访问列表中的元素。

列表访问如图3所示。

```
例题1
1  #列表的访问练习
2  list1 = ['Apple','Pear','Banana','Grape'];
3  list2 = [1,2,3,4,5,6,7];
4  print("list1[1]: ",list1[1])
5  print("list2[1:5]: ",list2[1:5])
6
```

图3　列表访问图示

（四）列表的修改

如果要修改列表中的元素，可以用索引值找到要修改的位置进行赋值修改。

命令格式：List[下标]=元素。

命令功能：修改列表元素。

（五）列表的添加

如果有两个列表中的元素需要整合到一起使用，可以用"+"号连接。

命令格式：List3 = List1 + List2 。

命令功能：将两个列表相加。

下
篇
实践课堂

（六）列表的删除

命令格式：del List[下标]。

命令功能：删除该索引对应的元素。

（七）列表的常用统计函数

常用统计函数表见表1。

表1　常用统计函数表

方法或函数描述	描述
count ()	返回列表中指定元素出现的次数
index ()	返回列表中指定元素首次出现的索引
len ()	返回列表的长度
sum ()	返回列表中所有元素之和
max ()	返回列表中最大的元素
min ()	返回列表中最小的元素

【教学反思】

"批量数据的表示和操作方法"是高中Python教学的重要环节，也是从单一数据算法和操作向大数据操作过渡的章节，学生在学习过程中应该养成整体迁移思维，教师在教学中要利用好学生的兴趣点激发其学会巧妙地利用函数来达到最终的目的。目前，在考教无法一体的情况下，如何以一个个情境小问题的解决为路径，关注学生思维的梯度发展，是之后要继续研究的课题。

【课堂练习】

1.（单选题）运行下列代码，输出的结果是（　　　　）

```
1    ls = [5,16,27,38,49,50,61,72,83]
2    ls.reverse()
3    ls.pop(0)
4    ls.pop(-2)
5    ls.remove(49)
```

```
6   print(ls)
```

A. [16, 27, 38, 50, 61, 83]

B. [72, 61, 50, 38, 27, 5]

C. [16, 27, 38, 50, 72, 83]

D. [72, 61, 50, 38, 16, 5]

2.（单选题）运行下列代码，输出的结果是（　　）

```
1   ls =["东边","日出","西","边","雨"]
2   s = ls[:4:2]
3   print(s,len(ls))
```

A. ["东边"，"西"] 5

B. ["东边"，"西"，"雨"] 5

C. ["东边"，"西"] 7

D. ["东边"，"西"，"雨"] 7

3.（单选题）运行下列代码，输出的结果是（　　）

```
1   ls =["杨","柳","青","青", "江","水","平"]
2   lst = ls[1:7:2]
3   print(lst)
```

A. 柳青水

B. 杨青江平

C. ["柳"，"青"，"水"]

D. ["杨"，"青"，"江"，"平"]

4.（单选题）运行下列代码，输出的结果是（　　）

```
1   lst = [8,67,94,26,40,11]
2   print(max(lst),min(lst))
```

A. 67, 8

B. 8, 94

C. 11, 94

D. 94, 8

5.（单选题）运行下列代码，输出的结果是（　　　　）

```
1    ls =["地球","木星","火星","金星","土星"]
2    ls.pop(3)
3    ls.insert（1,"水星"）
4    ls.append（"天狼星"）
5    print(ls)
```

A. ["水星" , "地球" , "木星" , "火星" , "土星" , "天狼星"]

B. ["地球" , "水星" , "木星" , "火星" , "土星" , "天狼星"]

C. ["天狼星" , "地球" , "水星" , "木星" , "火星" , "土星"]

D. ["天狼星" , "水星" , "地球" , "木星" , "火星" , "土星"]

6.（单选题）下列有关列表类型的操作说法正确的是（　　　　）

A. max()可以返回列表中的最大元素，列表中的元素类型没有限制

B. append()可以在列表的任意位置增加一个元素

C. pop()可以删除列表中指定位置的元素

D. insert()可以删除列表中指定位置的元素

7.（单选题）运行下列代码，输出的结果是（　　　　）

```
1    ls = ["过山车","海盗船","旋转木马","大摆锤","摩天轮","碰碰车"]
2    print(ls[2],ls[-2])
```

A. 海盗船　摩天轮

B. 旋转木马　摩天轮

C. 海盗船　大摆锤

D. 旋转木马　大摆锤

8.（单选题）下列关于列表类型的说法不正确的是（　　　　）

A. 列表中的数据是有序的

B. 列表中各元素的类型可以不同，没有长度限制

C. 列表的正向递增序号从1开始

D. 通过列表索引可以返回列表中的一个元素

128

参考答案：

1. B   2. A   3. C   4. D   5. B   6. C   7. B   8. C

批量数据的读写格式和规则：

请学生利用已经掌握的列表及文件操作知识读写CSV数据（图4）。

```
CSV文件的读                    ×
1  f = open('数据2.csv','r')
2  ls = []
3  for i in f:
4      i = i.split(',')
5      ls.append(i)
6  print(ls)
7  f.close()
```

```
CSV文件的写                    ●
1  a = [
2      ['姓名','年龄','性别','体温'],
3      ['张三','9','男','36.5'],
4      ['李四','26','女','37.0'],
5      ['王五','13','男','35.6']
6      ]
7  f = open('数据1.csv','w')
8  for i in a:
9      f.write(','.join(i)+'\n')
10
11 f.close
```

图4 读写CSV数据

案例三　Scratch递归算法

【教学内容】

本节课是在Scratch自定义功能模块的基础上展开的，通过体验、探究，在学习过程中让学生体会递归算法的思维过程，学会建立合理的数学模型，用递归算法解决实际问题。

【课程目标】

《算法与程序设计》的学习目的是使学生在原有基础上进一步体验算法思想，了解算法和程序设计在解决问题过程中的地位和作用，能从简单问题出发，设计解决问题的算法，并能初步使用一种程序设计语言编制程序实现用算法解决问题。本模块强调的是通过算法与程序设计解决实际问题的方法，对程序设计语言的选择不做具体规定。

【学情分析】

教学对象是高二学生，学生基本熟悉Scratch的操作，在学习程序设计各种结构的应用过程中培养了用计算机编程解决现实中问题的能力，特别是在学习循环语句的过程中，应用了大量递推算法。以递推算法的逆向思维求解问题，可以在学习过程中体会递归算法的思想过程。多维度思考问题和解决问题是提高学生学习兴趣的关键。

【教学目标】

知识与技能：

（1）了解递归思想。

（2）了解递归算法的定义及递归算法实现的三要素。

过程与方法：

（1）通过思考、讨论，学会用递归思想分析问题。

（2）通过分析递归思想，掌握递归算法的实现。

情感态度与价值观：

（1）形成用递归思想来简化复杂问题的思维能力。

（2）形成数学建模的意识，培养多维度思考、归纳和抽象的能力。

【核心素养】

计算思维： 学生在信息活动中能够采用计算机可以处理的方式界定问题、抽象特征、建立结构模型、合理组织数据。

【教学重难点】

教学重点： 理解递归的思想和递归算法实现的条件。

教学难点： 递归算法的实现。

【课时安排】

1课时。

【教学过程】

（一）课前导入，创设情境——儒家的"不忘初心"（3分钟）

教师活动： 以《大学》片段引导学生分解"平天下"的过程，引入递归思想。

递归是将问题层层分解开，逐步解决。在解决分解的问题的基础上，逐步回归，解决最初的问题。

学生活动：

（1）学生代表朗读片段。

（2）分解"明明德于天下"的过程，学生代表回答。

设计意图：以儒家思想引入递归思想。

（二）分析问题，明确算法思想——齐王进贡多少石（20分钟）

教师活动：

（1）实例说明：诸侯要按时向天子纳贡。纳贡就是要把封地的四时特产或者矿物等进献给周王，诸侯国因面积不同，同一种贡物的分量不一样。齐国国君故意不说进贡的谷物有多少石，只是说比晋国多10石，晋国说比鲁国多10石，鲁国说比卫国多10石，卫国说进贡5石。现在学生是算官，算出齐国进贡谷物多少石。

（2）请学生分析：递推阶段如何实现，展示递推阶段实现方式和递推阶段结束条件。

（3）请学生分析：回归阶段如何实现，展示回归阶段实现方式。

（4）列举递推阶段分解出的几个子问题，引导学生发现这几个子问题的解决方法是相同的：某个诸侯国的进贡量等于前一个诸侯国进贡量加10。

（5）定义$H(n)$为第n个诸侯国进贡的谷物，可得出等价关系式：$H(n)=H(n-1)+10$。总结出递归算法的定义：把问题分解成规模缩小的同类问题，直接或间接调用自身的算法。

（6）归纳总结递归算法实现的三要素：明确递推阶段结束条件、明确递归函数等价关系式、调用自身，直到满足结束条件。

学生活动：

（1）讨论、思考完成学案上递推阶段和回归阶段。

（2）学生回答递推阶段和回归阶段如何实现，明确递推阶段结束条件。

（3）讨论回答递推阶段子问题的解决方法的共同点，由共同方法得出等价关系式。

（4）梳理递归的过程，总结递归算法实现的三要素。

设计意图：把书本上枯燥难懂的文字描述转变成生动形象的实际例子，使学生通过分析案例快速掌握知识。讨论回答问题可提高学生参与度，并能让教师掌握真实情况。

（三）算法实现，动手实践——Scratch编程解决问题（14分钟）

教师活动：

（1）指导学生完成导学案中递归函数定义的部分。

（2）提供难易程度不同的两个Scratch工程文件。

（3）指导学生补充完成Scratch中$H(n)$的定义模块。

（4）讲解递归算法在Scratch中如何实现。

学生活动：

（1）完成导学案中递归函数的流程图。

（2）根据教师提供的工程文件和Scratch基本操作视频，选择难度适合的文件，补充完成Scratch中$H(n)$的定义模块。

（3）学生代表演示完整程序，并对应算法实现条件解释每个Scratch模块的意义，加深对递归思想的理解，逐步理解在Scratch中通过自定义功能模块实现递归的程序。

设计意图：通过设置任务，培养学生的自主学习能力，帮助学生逐步理解递归程序的实现方法，从看懂、模仿再到具体问题的分析解决，一步步突破难点。

（四）总结反馈，归纳深化——递推回归，"不忘初心"（3分钟）

教师活动：把一个大型复杂的问题层层递推转化为一个与原问题相似的规模较小的问题，然后逐步回归，"不忘初心"，最终解决原问题。

递归算法实现需要明确递推结束条件、等价关系式，同时调用自身直到结束。

学生活动：听教师解释，巩固本节知识，进一步加深对递归算法的认识。

设计意图：形成用递归思想来简化复杂问题的思维能力。

下篇 实践课堂

附1：

"递归算法"学案

一、儒家的"不忘初心"

"古之欲明明德于天下者，先治其国。欲治其国者，先齐其家。欲齐其家者，先修其身。欲修其身者，先正其心。欲正其心者，先诚其意。欲诚其意者，先致其知。致知在格物。物格而后知至，知至而后意诚，意诚而后心正，心正而后身修，身修而后家齐，家齐而后国治，国治而后天下平。"

——出自《礼记·大学》

"明明德于天下"过程分解如图1所示。

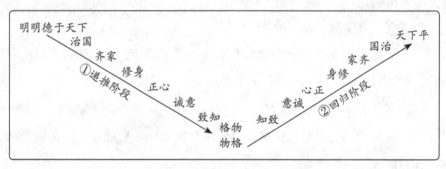

图1 "明明德于天下"过程分解

二、齐王进贡谷物多少石

1. 事例说明

齐国国君故意不说进贡的谷物有多少石，请同学们将各国进贡谷物量分别记为 $H(1)\sim H(4)$。

2. 问题解决

递推：想知道齐国进贡的谷物量 $H(4)$，需要知道_____的谷物量；想知道_____的谷物量，需要知道_____的谷物量；想知道_____的谷物量，需要知道_____的谷物量；卫国进贡谷物量 $H(1)$ 为5石。

回归：$H(1)=5\rightarrow$_____

递推和回归过程如图2所示。

134

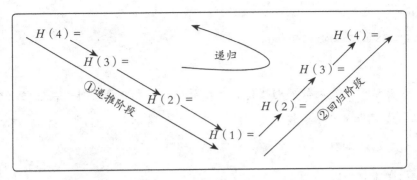

图2 递推和回归过程

递归算法：把问题分解成规模缩小的同类问题，直接或间接调用自身的算法。

递归算法实现三要素：

（1）明确递推阶段＿＿＿＿＿＿＿＿。

（2）明确递归函数＿＿＿＿＿＿＿＿。

（3）＿＿＿＿＿＿＿＿，直到满足结束条件。

3. 算法流程图

"谷物量"算法流程图如图3所示。

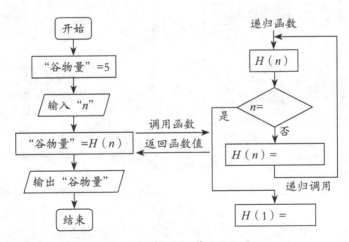

图3 "谷物量"算法流程图

4. Scratch编写程序

（1）新建项目，新建变量"谷物量"，自定义递归函数"第n个诸侯国进

下篇

实践课堂

贡的谷物"。

（2）Scratch图形化编程。

三、递归："不忘初心"

递归让一个复杂的问题变得容易理解：它自己在调用自己，它把一个大问题一步一步地缩小规模，直到我们可以直接解决它，然后回溯，"不忘初心"就可以解决刚开始的问题。

递归流程如图4所示。

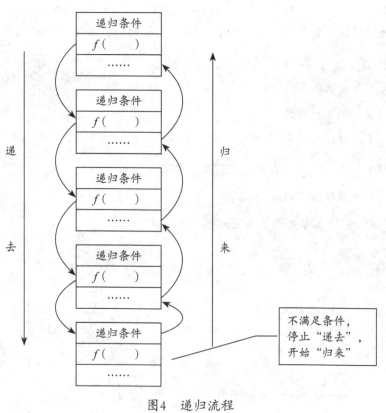

图4　递归流程

附2：

进阶实践——齐王爬10级台阶有多少种走法？

一、问题提出

齐王走向周天子要经过的是有10级台阶的楼梯，从下往上走，每跨一步只能上1级或者2级台阶。一共有多少种走法？

两种走法如图5、图6所示。

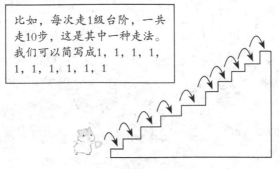

比如，每次走1级台阶，一共走10步，这是其中一种走法。我们可以简写成1，1，1，1，1，1，1，1，1，1

图5　走法一示例图

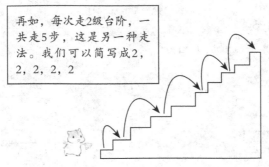

再如，每次走2级台阶，一共走5步，这是另一种走法。我们可以简写成2，2，2，2，2

图6　走法二示例图

二、问题分析

假设你只差一步就走到第10级台阶，这时候会出现几种情况？（图7）

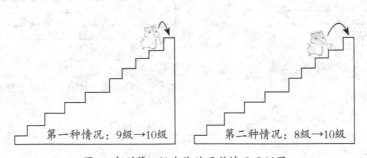

第一种情况：9级→10级　　　第二种情况：8级→10级

图7　走到第10级台阶的两种情况示例图

三、问题分解

定义 $F(n)$ 为爬 n 级台阶的走法数（图8），我们的目标是求得 $F(10)$ 。

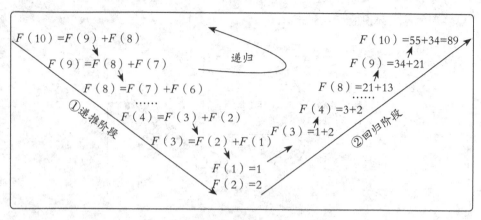

图8 定义$F(n)$为爬n级台阶的走法数

四、设计算法

"走法数"算法流程图如图9所示。

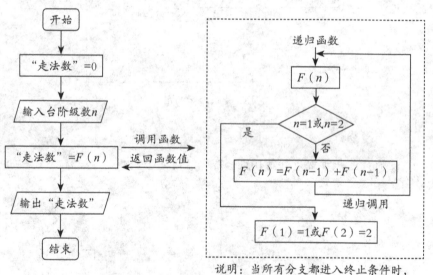

说明：当所有分支都进入终止条件时，则可返回函数值。

图9 "走法数"算法流程图

案例四　算法和程序设计

【教材分析】

本课是沪科教版《数据与计算》第三单元《算法和程序设计》的内容。智能时代算法已经广泛应用于各领域，中学生学习一些算法知识，了解算法的基本设计方法，可以深入理解身边数字化工具的特征，能够利用算法思维解决实际问题，提高学习和生活效率，更好地融入信息社会。教材虽然没有提出计算思维的字样，但从现实生活到计算机世界这个抽象化、模型化到自动化的思维过程，通过洗衣流程讲得很清楚。计算思维能应用于各个领域，这也是学习算法的意义。

【学情分析】

1. 开学第一周学校开展了"垃圾分类，让校园更美丽"的主题班会，如果学生对垃圾分类的意义和困境有所了解，上课时可快速掠过；如果没有则阅读材料进行了解。

2. 高中生有强烈的探索世界的欲望，计算机及其控制的智能系统几乎渗透到了人们工作、生活的所有领域。计算机为何如此神奇？这就是算法与程序的功劳。本节课是《算法和程序设计》的第一课，理论性较强，不管学生以前基础如何都能掌握本节知识。

【教学目标】

1. 理解算法的概念和特征，能运用恰当的描述方法和控制结构表示简单

139

的算法。

2. 掌握从实际生活问题到机器世界算法解决问题的计算思维过程。

3. 感受算法整体规划、具体实施的顶层设计理念。

4. 通过单元挑战项目，养成垃圾分类的文明习惯和社会责任感。

【教学重难点】

教学重点：理解算法的概念和特征、算法的描述。

教学难点：从实际生活到机器世界，用算法解决问题的计算思维过程。

【教学过程】

（一）课程导入

（1）展示整个单元的学习目标，让学生对接下来的课程知识有所了解，明确目标。

（2）单元目标知识的掌握通过设计垃圾分类查询程序来体现。

（3）展示中国垃圾分类时间轴。从2016年垃圾分类制度试行到2019年垃圾分类管理条例强制执行，我国计划2025年全国各地级以上城市基本建立生活垃圾分类处理系统。从试行到基本形成完整的处理系统不到10年时间，中国为什么如此急迫地推行垃圾分类？（学生资料阅读3分钟）师生共同表述原因。

（4）做一个小测试，在学校学生用完的笔芯和喝完的奶茶杯分别是什么垃圾？

垃圾分类如图1所示。

图1　垃圾分类

学生可能回答是可回收垃圾或有害垃圾，还可能因为是塑料制品认为它们是可回收垃圾，但里面的油墨有害……教师不急于展示答案，通过演示垃圾分类在线查询程序师学生找到正确答案：干垃圾或其他垃圾。

① 强化思想意识，明白"垃圾分类意识先行"，只有主动学习垃圾分类知识才能正确投放。

② 提出单元任务：设计一个垃圾分类小程序。

③ 展示程序设计的基本流程（图2）：我们经过分析已经确定问题，接下来我们要设计算法。

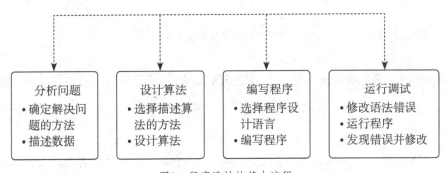

图2　程序设计的基本流程

（二）学习新知

（1）展示算法概念，关键词是"有限步骤"和"方法"。

（2）教材通过手工洗衣的"故事板"看到四个步骤就完成了洗衣，这是每个学生的生活实践，描述手工洗衣算法没有难度。

（3）洗衣机是人类的伟大发明之一，洗衣机是如何工作的？

（4）学生活动：画出洗衣机快洗模式下的洗衣流程。

（5）手工洗衣→洗衣机洗衣的快洗流程（图3），是手工洗衣更细化的过程，提出快洗流程是手工洗衣的模拟。计算机解决问题首先是模拟人类解决问题的方法，再进步到机器学习，具有一定智能化。

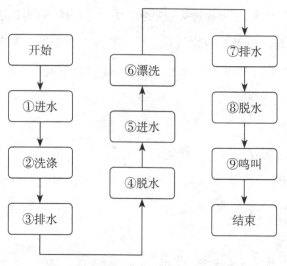

图3 洗衣机洗衣的快洗流程

师问：这个快洗流程是洗衣机快洗算法吗？

学生有的说是，有的说不是。那么评定一个对象是否属于某一类，评定的依据是什么？（引出算法的基本特征）。

① 有穷性，有两方面的含义：一是不能无限循环，二是必须在合理的时间范围内结束。

② 确定性，每一个步骤的表述都是确定的、没有歧义的语句。

③ 有零个或多个输入，输入就是算法执行时从外界获得的数据。

④ 有一个或多个输出，输出就是算法执行的结果，没有输出的算法是没有意义的。

⑤ 可行性，算法每一个步骤都能有限执行并得到确定的结果，同时能够用来方便地解决一类问题。

（6）算法是解决做什么和怎么做的具体步骤描述，对照快洗流程逐一分析算法的五个基本特征。

（7）以洗涤为例，用自然语言描述洗涤算法。用自己熟悉的语言表达可以明确执行的步骤，就是用自然语言描述算法。

洗涤对于我们来说可以理解为手工洗衣中的搓揉，但是对于这么平常的行为，学生会联系起来吗？学生平时观察洗衣机如何工作了吗？

（8）学生思考，会想到平时洗衣机工作就是转动，准确表达有点困难。

（9）洗衣机是对人工洗衣的模拟，洗衣机的洗涤可以理解为手工洗衣中的搓揉。教师要引导学生看自己搓揉衣服的慢镜头，再让学生用自然语言描述算法。

（10）"如何明确表达？老师引导学生：手向前搓到指尖（到最大限度）停下来，换方向向后搓到掌根（到最大限度）停下来。四个动作来回多做几次，衣服就洗干净了。洗衣机用电机来带动滚筒或波轮转动（模拟手），是正反转或顺逆时针转。洗涤的单次循环自然语言描述如图4所示。

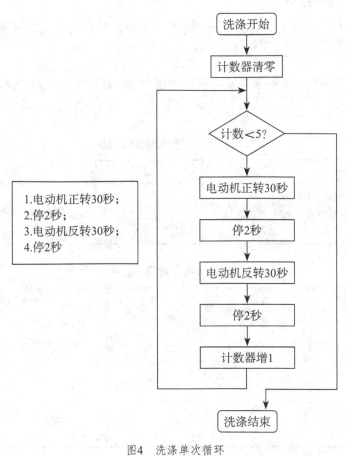

图4　洗涤单次循环

（11）用画程软件画出洗涤流程图。通过对流程图的描述，学生对算法有了更精确的了解。

143

（12）算法不只是计算机世界的，解决任何一件事情的方法都可以看作算法，算法的定义是有限步骤内解决问题的方法。

做一件事，首先要整体规划有限步骤；其次要制定完成每一个步骤的具体方法，这样最后结果才是明确的、可实施的、可执行的。（顶层设计理念）

（13）展示学习算法的意义：许多专家通过分析行业的运行规律、界定问题、建立模型、设计算法，运用信息技术实现模型，从而创造出新的产品、新的产业。（计算思维）。

（三）知识迁移

（1）我们通过垃圾分类查询程序算法设计继续探讨从人类行为（行业运行规律）到机器实现的过程。

（2）任务一：对照手工洗衣流程描述方法（表1），写写人投放垃圾的流程（表2）。

表1　手工洗衣流程步骤列表

步骤一	步骤二	步骤三	步骤四
在盛有衣服的盆中加入适量的水和洗衣粉，搅拌均匀	搓搓衣服	用清水漂洗衣服	将衣服从盆里拿起，拧干

表2　人投放垃圾的流程

步骤一	步骤二	步骤三	步骤四

（3）学生表述他们的流程。

（4）教师展示人投放垃圾的流程（表3）。

表3　人投放垃圾的流程

步骤一	步骤二	步骤三	步骤四
人们学习了垃圾分类知识。	生活中产生的垃圾。	大脑里想学习过的知识：它属于什么类别的垃圾？	知道了，属于其他垃圾，投入其他垃圾桶。

（5）电脑垃圾分类程序是对人投放垃圾行为的模拟，对应人行为的每一步描述出垃圾分类功能实现流程（图5）。

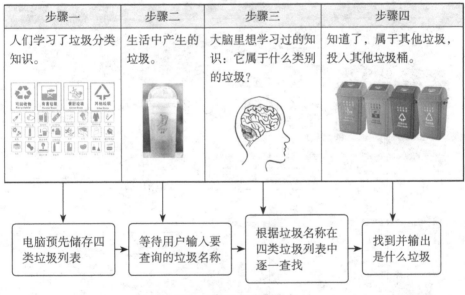

图5　电脑垃圾分类程序

（6）流程还不能称为算法，因为每一步还没有定义电脑程序可以明确执行的细节。

（7）任务二：一部分学生用自然语言描述"根据输入垃圾名称自动查找并输出垃圾类别"算法（图6），一部分学生用流程图描述"根据输入垃圾名称自动查找并输出垃圾类别"算法（图7）。

洗衣机根据衣物重量自动设定水位算法描述	垃圾分类程序根据输入垃圾名称自动查找垃圾类别算法描述
如果衣物重量属于范围1，设定水位为第一挡水量；如果衣物重量属于范围2，设定水位为第二挡水量；如果本物重量属于范围3，设定水位为第三水量；如果衣物重量超出范围了，报警提示衣物超重。	如果　　　　　　，则 否则，如果　　　　，则 否则，如果　　　　，则 否则，如果　　　　，则 否则，输出提示"没有找到，换个别的试试吧。"

图6　自然语言描述

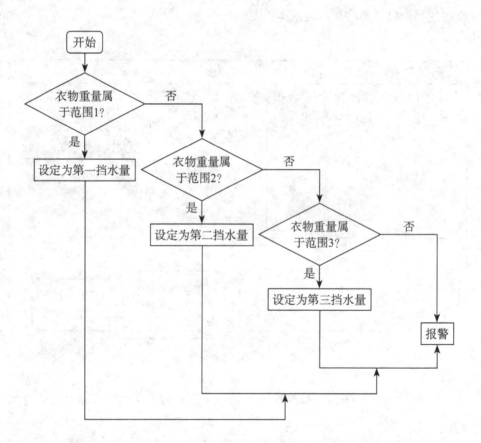

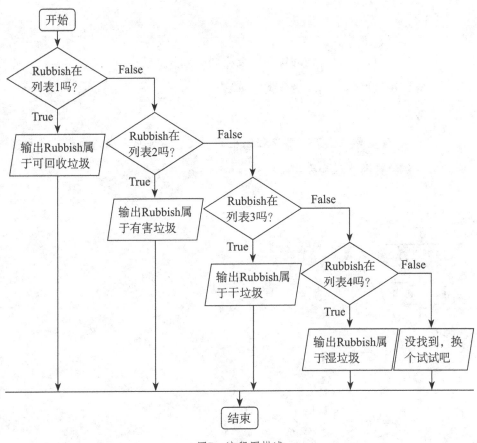

图7　流程图描述

【教学反思】

1. 核心知识

算法、算法特征、算法的描述方法、算法的基本结构。

2. 核心思维过程

将人的活动、行为或自然界的活动行为规律抽象为大家可以认识理解的文字、符号等并模型化（流程图），最后描述为计算机可以识别执行的算法或程序代码实现自动化。本节课虽然还没有写代码，但我们对针对生活中的问题找到"做什么和怎么做"基本了然于胸了。

【课堂练习】

1. 课后复习，手绘完整的垃圾分类流程图。

2. 尝试用伪代码写出垃圾分类的算法。

参考答案：

作业1：考查学生是否了解流程图框的含义，能否将人的想法表达为机器能理解并能执行的步骤和方法（图8）。

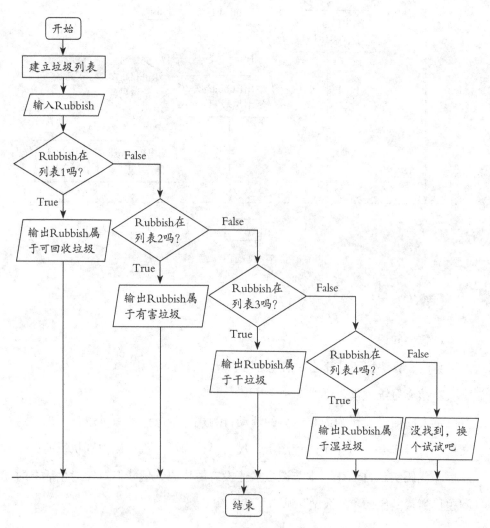

图8 垃圾分类流程图

作业2：

伪代码：

建立列表（list_1：可回收垃圾；list_2：有害垃圾；list_3：干垃圾；list_4：湿垃圾）

输入要查询的垃圾名称并存储在字符rubbish中

```
if rubbish in list_1:
    输出  rubbish属于可回收垃圾
elif rubbish in list_2:
    输出  rubbish属于有害垃圾
elif rubbish in list_3:
    输出  rubbish属于干垃圾
elif rubbish in list_4:
    输出  rubbish属于湿垃圾
else:
    输出  没找到，换个试试吧！
```

下 篇

实践课堂

案例五　定制我的私人助手

【教学内容分析】

《定制我的私人助手》案例主要内容来源于新课标高中信息技术选修篇中的人工智能章节。未来一定是智能时代，如何更好地理解人工智能呢？想必没有什么方法比亲手设计或制作一个人工智能程序及软硬件来得更好，本课基于此，结合STEAM教学方法，全面叙述如何引导学生实施该项目。

【教学目标】

知识与技能：

（1）掌握用流程图表达作品的规划实用性。

（2）知道如何调用自定义函数。

（3）了解软件系统的前端、后端和API（应用程序）接口。

过程与方法：

（1）经历分析翻译机和智能语音设备的工作机制并将其转换为流程图的过程，巩固算法设计的基本方法，提高解决问题的能力。

（2）分析智能语音设备的缺陷，导入本课的任务目标——制作自己的虚拟私人助手，提高创新创造能力。

（3）通过双人合作的方式增强沟通和合作协助能力。

情感态度与价值观：

（1）对人工智能领域中的"私人助手"开发的过程有一个全面的了解，更好地明辨市面上出现的"AI"是否为伪人工智能。

（2）体验与同伴合作、相互学习及相互帮助的真挚感情。

【核心素养】

1. 对已经存在的人工智能软硬件提出质疑，提升审辩式思维。

2. 小组分工开发满足自己需求的"私人助理"人工智能软件，增强动手能力。

3. 设计和选择满足自己需求的人工智能"私人助手"，培养创新创造能力。

【内容分析】

本节课来源于自主研发的高中拓展课程"新技术应用"的第一模块"人工智能"，内容包括：分析程序的结构流程图；绘制"私人助手"软件的流程图；掌握函数的调用方法，了解API接口的作用，验证并优化问题分析解决方案等；定制自己的"私人助手"软件。

本节课希望学生从开发者的视角，通过方案的交流、脚本的编写和调试，让学生感悟目标完成过程中流程图和API的必要性，体验人工智能的可行性，提高学生的思维水平。

【学情分析】

新技术体验与探究是提高学生适应信息化社会能力、探究能力的重要体验活动之一，也是探索人机交互界面使用规律的实践与深化，它应始终贯穿信息处理学习的整个过程。

（1）本校学生在初中已经接触了图形化编程Scratch，并且有一年的学时，对Scratch软件的使用已较为熟练，其中大多数学生能利用它模仿完成简单的程序和游戏，学习兴趣浓厚；一部分学生能在示例的基础上进行改编和创作，完成具有自己特色的作品，在学习中颇有成就感；也有少部分学生在学习过程中遇到困难，如积木使用混淆、程序结构梳理不清、产生错误不会排查，导致不能及时完成作品的创作，学习兴趣大不如前。

（2）在高一新学期开始后的前几节课中，教师已经向学生普及过人工智能的发展历史、人工智能各方面的应用，学生已经了解了虚拟人助手属于人工智能的技术范畴，并且开始了Python语言的简单编程，掌握了基本函数和库的调用方法。学生的水平有不同程度的差异，因而本课中，学生的课堂实践和操作要打破以前学习时单打独斗的局面。教师在教学设计中加入了二人协作，使学生逐步进入入团队合作的学习模式，让学生在相互鼓励和扶持中和谐发展。

在本节课中，学生要正确理解编写Python代码还是有非常大的难度的，因为他们正在经历从Scratch到代码语言的艰难的转变，也没有系统的计算机学科专业知识的支撑，因此在教学中，对应的库和函数由教师给出并明义，教师提供相应的微课视频。除此之外，在Python这部分还能转换成相应的积木模式供学生理解和参考。

【教学重难点】

教学重点：软件和流程图之间的相互转换过程。
教学难点：调用自定义函数和使用API接口。

【解决措施】

重点解决措施：难度阶梯式，从分析别的软件画出流程图再到自己开发和设计，给学生提供流程图框架。
难点解决措施：提供样品和微视频指导，对重点的API接口进行解释，对课堂上提出问题的学生给予帮助。

【教学资源】

1. 图形化编程软件——源码编辑器（国产Scratch）。
2. Python编辑器（海龟编辑器），完全免费开源。
3. 导学案、微视频、一款硬件智能语音小音箱、网络。

【教学评价】

1. 自我评价。自己对照评价单勾选。

2. 队友评价。同一队成员双方对对方进行口头评价：指出对方在开发软件系统时起到的重要作用。

3. 教师评价。教师评价学生课堂学习情况及学习态度，对优秀作品进行展示和鼓励。

【教学设计】

1. 利用2分钟时间激趣导入。教师出示PPT，提出问题：智能语音音箱不能解决所有问题，我们能否定制自己的"私人助理"？学生观看PPT，聆听音箱的回答，总结问题。总结：利用智能音箱导入，激发学生兴趣，辅助学生理解当今人工智能下的智能设备并不能解决一切问题。

2. 让学生熟悉软硬件，寻找规律。教师利用5分钟时间组织活动：活动一，对翻译机的工作机制进行推导，完成流程图；活动二，对智能语音音箱工作机制进行推导，完成流程图。在此期间，教师要求学生根据导学案完成流程，展示学生的流程图并且评价；发现问题，展示有问题的作业。其间，学生在导学案中完成流程图，目的是解释流程图：想要开发满足学生需求的智能系统，必须先了解别人的系统是如何设计和实现其功能的，让学生认识到流程图的重要性。

3. 请学生创作作品并利用10分钟的时间绘制自己的"私人助手"的工作流程图，完成图形化编程的代码部分。教师展示学生的流程图和图形化编程部分，做出评价，指导基础薄弱的学生完成相关作品。我们将利用图形化编程平台考验学生的动手操作能力，即能不能用已有的技术实现软件的前端，以提高学生创造性思维水平。

4. 教师提出疑问引发思考：利用3分钟时间板书，指出刚才做的是智能助手的前端，即客户端；而未完成的是后端，即服务端；引出两者的概念和区别，提出调用函数的方法，后端服务于前端，提出疑问（我们只做出了基本界面，并没有完成服务端的逻辑）——作品失败了吗？如何挽救它？同时提供解决方案。学生带着疑问，理解两个新知识点，即前端和后端的相关概念。做好了前端并不能进行问答测试，找到原因——只有前端没有后端和数据支持就无法成品，所以引入前端和后端等概念，以数学的方法提高学生的逻辑思维能力。

5. 学生面对问题和解决方案自主探究并解决问题：根据教师提供的微课教学资源（如何调用海龟函数和Python代码）和后端的Python代码，实现前后端的连接。学生观摩微课，团队合作，根据教师提供的后端资源完成全部软件的开发。教师需要解释微课中出现的API接口的意思。教师利用图形化编程和Python编辑器将前端和后端联系在一起调用API函数，完成一个能够回答问题的"私人助理"系统，让学生形成工程的实证性思维。

6. 拓展延伸。教师提供网址和选择入口，学生利用5分钟时间根据导学案的网址完成相关机器人的个性申请。双人开发，合作学习，通过调用网站的数据库资源，可以选择自己满意的人工智能"私人助理"，形成新的虚拟助手机器人，达成创新思维共识。

7. 作品展示。教师利用2分钟时间展示学生作品，并让学生进行简单的自我评价，介绍他们的想法，教师加以点评（从STEAM各个角度进行评价），最终提升学生在信息课程里的计算思维。

8. 课堂小结。教师利用最后3分钟让学生填写自我评价表。教师总结：流程图能清楚地表明软件工作的逻辑，并且能辨别某软件是否属于人工智能的范畴；对新知识（前端、后端、API接口），让学生进行回忆性复述。教师用PPT展示总结内容，提出社会上很多广告都和AI相关，它们真的属于人工智能还是"假"人工智能，学生课后可以好好思考，进行思想升华。学生回顾所学内容，填写评价表，进行队友评价，思考老师提出的课后问题。人工智能课程——定制我的私人助手这一课基于STEAM教育理念展开，充分彰显了新课标中"教师主导，学生主体"的精神，通过学科交叉渗透让学生在合作探究中提升能力。在教学实施过程中，学生在探究过程中打破学科界限，充分运用所学知识，体验成功的乐趣，同时为进一步提升奠定坚实的基础。

【教学流程图】

教学流程如图1所示。

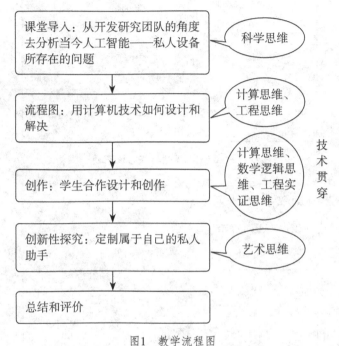

图1 教学流程图

【教学反思】

该课运用STEAM跨学科的学习方法，综合科学、技术、工程、数学等学科内容，以真实问题的解决为路径，在充分考虑中学生认知的基础上，循序渐进，逐步击破矛盾，是一节值得借鉴和推广的创客课。但该课存在一定的难度，会限制很多学生进入，如果能将其够拆解成两课，即基础课和提高课，重新梳理课程内容，基础课让更多的学生受益，提高课为学有余力的学生服务，就可以将本节课案例的最大价值发挥出来。

附：

一、课堂PPT大纲

1. 智能语音识别音箱介绍

例如，天猫精灵、百度小度、小爱同学（小米）。

2. 翻译机模型转换为流程图

翻译机模型转换为流程图如图2所示。

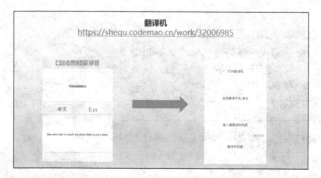

图2 翻译机模型转换为流程图

3. 从流程图到程序

从流程图到程序如图3所示。

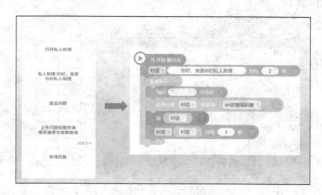

图3 从流程图到程序

4. 新知识要点讲解

我们只完成了前端的开发，未完成后端的开发，该软件不具有人工智能功能。

前端：一般指客户端，指用户在使用过程中能看到的界面。

后端：一般指服务端，用户看不见，完成逻辑设计和数据的交换。

API接口：应用程序编程接口，是软件系统不同组成部分衔接的约定，提供数据共享。

5. 给出后端程序

后端程序代码如图4所示。

```
import requests

def 私人助理(输入):

    s = 输入
    message = requests.post('http://www.tuling123.com/openapi/api',
    data={'key': '01fce666b54f44009a9a298ff8bc8bbb', 'info': s})
    reply = message.json()
    print(reply['text'])
    return reply['text']
```

图4　后端程序代码

6. 利用server进行Python和模块化代码的连接

利用server进行连接，如图5所示。

图5　利用server进行连接的示意图

7. 完成你定制机器人的选择：http：//www.tuling123.com

个性化选择示意图如图6所示。

图6　个性化选择示意图

8. 程序图

主程序如图7所示。

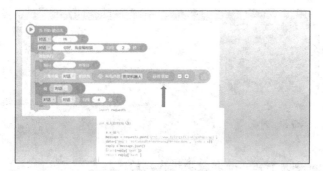

图7　主程序示意图

二、导学案

（1）请登录 https：//shequ.codemao.cn/work/32006985进行测试，观察并完成流程图。

（2）根据智能音箱绘制出其工作机制流程图（图8）。

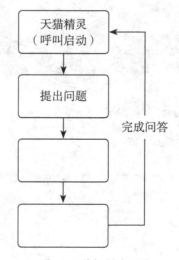

图8　工作机制流程图

（3）绘制自己的"私人助手"工作机制的流程图。

（4）完成定制机器人的选择。http：//www.tuling123.com。

（5）课堂概念总结。

前端：一般指_____端，指_____在使用过程中能看_____的界面。

后端一般指_____端，用户看_____，完成_____设计和数据的交换。

API接口指的是_____，是软件系统不同组成部分衔接的约定，提供（   ）共享。

三、课堂自我评价表

课堂自我评价表见表1。

表1 课堂自我评价表

项目	A（非常）	B（比较）	C（一般）	D（不能）
积极思考问题				
能规范地画出前端流程图				
能完成前端的积木脚本				
能理解调用函数和API接口的作用				
能开发出智能个人助手				

案例六 "走进"公交IC卡收费系统

——初识信息系统教学设计

【教材分析】

本课是沪科教版必修2项目二《"走进"公交IC卡收费系统——初识信息系统》的内容，教材通过分析学生熟悉的公交IC卡收费系统的功能，让学生认识信息系统这个学科大概念（它是利用信息技术解决问题的基本模型）。对学科大概念的学习可以使学生适应时代发展、成为合格的公民，培养学生的数字化胜任力。

【学情分析】

高一学生在其他学科中已经学习了什么是系统，已经掌握了系统的功能、组成要素。本项目是学生最熟悉的生活场景，IC卡收费系统功能、要素分析对于高中生来说能通过自主学习完成。通过信息系统的信息处理功能将数据信息、算法等学科概念联系起来，将学科知识融会贯通，通过核心概念——信息系统验证身边的技术，将知识迁移到身边其他的信息系统，举一反三提高学生的创新能力。

【教学重难点】

教学重点：信息系统的概念、子系统功能实现的过程、信息活动在信息系统中的体现。

教学难点：子系统功能实现的过程。

【教学目标】

1. 理解并掌握信息系统的概念。

2. 通过分析公共交通收费方式的变革，引导学生理解人、信息技术与社会的关系，培养学生的创新意识。

3. 通过对不同群体收费业务要求的讨论，感受信息社会更应关爱弱势群体，为人们提供更加公平、高效、优质、便捷的服务，从而培养学生的信息社会责任。

4. 通过自主学习，阐述IC卡收费系统业务功能以及信息处理功能的实现过程，培养学生的学科思维。

5. 通过身边其他技术应用系统验证信息系统模型，培养学生的学科思维。

6. 通过探讨公交IC卡收费系统在应用上的优劣，培养学生的批判思维。

【教学方法】

小组合作法、讨论法、任务驱动法。

【课时安排】

2课时。

【教学准备】

学生分组，电子课本、公交IC卡收费系统资料包、功能实现要素图片、PPT文档。

【教学过程】

（一）情境导入，观看"为什么要学习信息系统"视频

（1）帮助组织业务流程，并学习如何交流业务。

（2）如何利用数据：帮助组织做出重要业务决策。

（3）学习信息系统的学生的见解：有一系列不同的职业选择。

（二）分析公交IC卡收费系统功能

（1）师：什么是系统？（提示消化系统、循环系统等，学生马上就能反应过来）

生：能够完成一种或者几种生理功能的多个器官按照一定次序组合在一起的结构。

（2）系统的概念：由若干个具有独立功能的元素组成，这些元素之间互相联系、互相制约，共同完成系统的功能或目标。

（3）提升：系统的重点是整体性和目标性。

师：从系统概念来看，构成系统的条件是什么？

生：功能、组成要素、组合次序（连接）。

展示系统概念以及构成系统的三个要素：功能、要素、连接。

设计意图：通过生物学科知识迁移，运用系统三要素分析公交IC卡收费系统。本项目学习框架：通过分析IC卡收费系统的三要素，让学生从整体上把握设计信息系统的方法和步骤。

活动一：根据资料包、电子课本等自主学习

按照系统的三要素分析公交IC卡收费系统：

① 找出公交收费存在的主要问题（图1），分析公交收费方式优缺点（表1），分析公交IC卡收费系统核心功能（表2）。

图1 公交IC卡收费系统

表1 收费方式和优缺点

收费方式	优点	缺点
人工收费		
自动投币		
公交IC卡		

表2 公交IC卡收费系统功能分析

乘客	公交公司	社会
购卡充值 刷卡付费 查询余额	交易结算：对每天、每条公交路线乘客付费的数据进行采集和分类汇总，实现自动化收费，实现电子货币自动流转等	减少交通拥堵、碳排放，使出行方便快捷等

②公交IC卡收费系统的具体业务功能有哪些？（图2、图3）

参考：

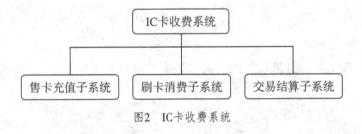

图2 IC卡收费系统

> 思考与讨论：
> 1.公交IC卡收费系统的使用群体有哪些？
> 2.不同群体对公交IC卡收费系统有哪些具体的业务要求？

图3 思考与讨论

通过思考与讨论，学生感受技术发展，关爱弱势群体。信息技术对改善民生发挥了巨大作用，为人们提供更加公平、高效、优质、便捷的服务。

学生通过阅读电子课本和相关学习材料，感受到公交IC卡收费系统是解决人与社会发展矛盾的，人为主动创造的系统。

③公交IC卡收费系统的组成要素有哪些？学生根据自身经历会说出工作人员、公交卡、计算机、读写器、刷卡POS机等。（没有系统概念的引领，

下篇

实践课堂

163

停在自身经历体验上）

（4）教师提点：公交IC卡收费系统为解决收费自动化消除找零不方便等问题，实现自动化收费，提高公交公司运营效率，节约成本，减少人力，提高企业核心竞争力。人们利用计算机技术、网络通信、电子传感等信息技术开发公交IC卡收费系统，我们把这样的系统称为信息系统。

（三）学习新知——信息系统

学生在IC卡收费系统这些业务功能实现的过程中感受到IC卡收费系统是按照一定的方法和步骤来实现IC卡收费系统的具体业务功能的。学生已经感知到了信息系统，接着学习信息系统的学科概念。

（1）信息系统：由人员、硬件、软件、数据和网络构成的人机交互系统，主要用于信息的输入、存储、处理和输出。

（2）信息系统解析：一个人造系统，由硬件、软件和数据资源组成，目的是及时正确地收集、加工、存储、传递和提供信息，实现组织中各项活动的管理、调节和控制。

（3）师生一起分析信息系统的三要素：系统的组成要素、功能和连接。（表3）

表3 各要素及其功能表

组成要素		功能
人员		信息系统的开发设计者、维护者和使用者
硬件		信息系统的物质基础
软件	程序和文档	对计算机资源进行管理和组织
	数据库系统	提供存储、访问、维护数据服务的信息处理系统
数据		输入、输出、存储、计算等都需要计算机硬件设备的支持
网络		实现资源共享和信息交换的重要基础

（4）信息系统的功能：及时正确地收集、加工、存储、传递和提供信息，实现组织中各项活动的管理、调节和控制，实现业务自动化。

（5）信息系统的连接：业务流、资金流、事物流、信息流。

（四）知识运用——IC卡收费系统具体业务功能实现过程

活动二：根据学习包中PPT文档完成功能实现过程

（1）完成三个子系统功能实现流程，PPT中的图片可以重复使用。

活动观察：学生根据生活经历能清晰地知道业务功能的一部分，如图4至图6所示。

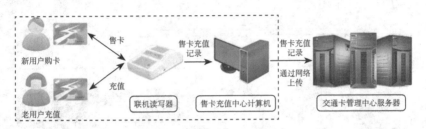

图4　售卡充值子系统

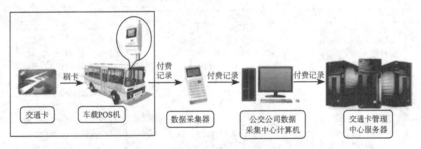

图5　刷卡消费子系统

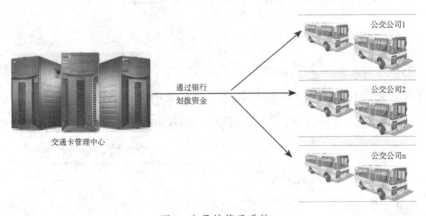

图6　交易结算子系统

经过小组合作完成整个子系统功能实现流程。在这个过程中学生认识到公交IC卡收费系统每个环节的数据都需要独立保存并通过网络上传、保存到

下篇

实践课堂

交通卡管理中心服务器，由交通卡管理中心与银行对接完成交易结算，实现自动化收费和电子货币自动流转。信息技术与公交行业融合，提高了社会效益。

（2）思考与讨论：这些组成部分是按照什么次序连接在一起的？

师：这些业务功能在实现的过程中（图7）按照一定的方法和步骤实现IC卡收费系统的具体业务功能。

学生思考：采用什么方法和步骤？

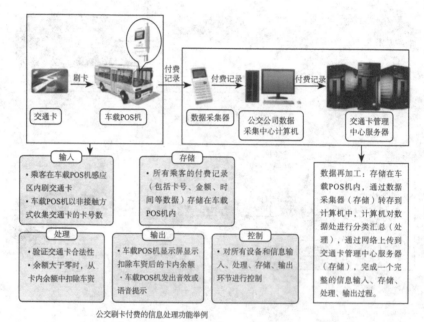

公交刷卡付费的信息处理功能举例

图7 "刷卡付费"功能实现过程

教师点拨：信息系统有人的参与，可能有业务流和资金流等，但信息系统主要是运用计算机技术和网络技术实现业务功能自动化，每个业务流或是资金流等都包含了信息流，即信息处理的方法和步骤。信息处理一般过程是输入—存储—处理—输出。学生能根据信息处理功能的需要选择相关的硬件和技术以实现相关具体业务功能。

（五）知识迁移，解析身边信息系统

任务三：分析身边的信息系统

校园一卡通、网络购物平台、共享单车、12306订票系统、外卖点餐软件……小组选择一个信息系统进行系统功能分析，画出具体业务功能实现的过程，尝试查找相关数据，为组织提供业务决策。

教师点拨。有了信息系统学科概念的指导，学生很快就完成了功能分析。要弄清楚各信息系统具体业务实现工作过程原理，学生需要查阅资料，如共享单车的工作过程：开锁骑行—停车关锁—交易结算。

【教学反思】

信息系统：由人员、硬件、软件、数据和网络构成的人机交互系统，主要用于信息的输入、存储、处理和输出。

信息系统拓展：信息系统是一个人造系统，由人员、硬件、软件和数据资源、网络组成，目的是及时正确地收集、加工、存储、传递和提供信息，实现组织中各项活动，通过物流、资金流、事、物流、信息流的管理、调节和控制，实现业务自动化。

学生通过学习能用信息系统解释身边的技术，提高数字化适应力。

【课堂练习】

细化小组选择的信息系统组成要素，用思维导图的形式呈现。

参考答案：

校园一卡通系统组成要素思维导图如图8所示。

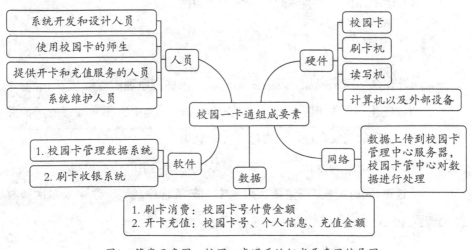

图8 答案示意图：校园一卡通系统组成要素思维导图

案例七　信息系统安全风险与防范之数据加密

【教材分析】

本节课是信息系统安全风险与防范拓展活动练习。数据加密是信息系统安全的重要保障。"加密系统的保密性只应建立在对密钥的保密上，不应该取决于加密算法的保密。"这是密码学中的"金科玉律"。本课通过改变密钥、密码算法不断提升数据的安全性，加强学生的数据保护安全意识。

【学情分析】

经过对信息系统安全风险的学习，学生迫切想知道如何给自己的文件加密。高中生不满足于只通过软件加密保护信息安全，更想知道加密算法实现的原理和方法。经过必修1对Python程序语言的学习，通过程序实现数据加密是可行的，运用知识解决实际问题是学生渴望的。

【教学目标】

1. 通过在线恺撒密码加密解密探索恺撒密码加密原理。

2. 通过学生之间互相手工破译对方密码，使学生了解频率破译方法，并意识到恺撒密码的弱安全性，加强信息安全意识。

3. 通过自然语言和流程图描述加密算法，培养学生的计算思维。

4. 通过Python语言实现恺撒密码加密和破解程序代码，学生要多次修改才能使程序运行成功，提升学习的成就感。

【教学重难点】

教学重点：流程图描述恺撒加密算法、加强密码安全的方法。

教学难点：恺撒密码算法代码实现。

【教学方法】

小组合作法、自主探究法、讲授法。

【课时安排】

2课时。

【课前准备】

卡纸、大头针。

【教学过程】

（一）情境导入

学生观看恩尼格码密码机影视片段，教师提问双方如何加密解密电文，引起学生关注。

（二）密码学基本概念

1. 密码术

研究数据加密、解密的方法和技术。密码术通常分为两种：易位和替换。

加密：把可懂的文本变成不可懂的形式的过程。

解密：加密的逆过程。

明文：加密前可懂的文本。

密文：加密后不可懂的文本。

下篇

实践课堂

2. 完成这个过程需要两个要素

（1）密码算法（图1）。

图1 密码算法

（2）密钥。

密码算法是用于加密和解密的数学函数，是密码写译的基础。

密钥是指某个用来完成加密、解密、完整性验证等密码学应用的秘密信息。（表1）

表1 密钥

分类标准	明文处理方法	密钥不同
密码算法类型	置换和易位	对称和非对称加密算法

（三）学生体验在线恺撒加密程序

恺撒加密程序如图2所示。

图2 恺撒加密程序

（1）什么是恺撒密码，它的密码算法是什么类型？

密码轮盘如图3所示。

170

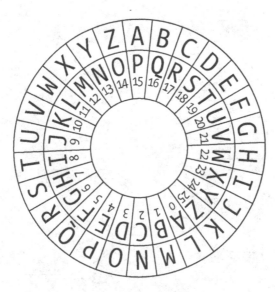

图3　密码轮盘

教师提点：

① 通过加密轮盘演示恺撒加密法。

② 恺撒加密又称易位加密，移动位置的多少就是密钥。

（四）探讨恺撒密码加密算法

阅读学习资料，了解恺撒密码圆盘信息的意义。

1. 3人一组制作一个加密圆盘

任务分工：①写明文，制定密钥；②加密明文；③记录密文。

2. 探寻用计算机把明文转换成密文的方法，并尝试用自然语言描述算法

例如：①输入明文并存储。

②输入密钥并存储。

③将明文中的字符逐个提取出来。

④根据密钥将字母移动到相应的位置。

⑤输出加密后的密文。

3. 尝试用画图软件画出算法流程图

算法流程图如图4所示。

171

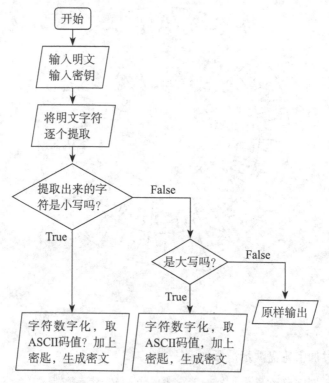

图4 算法流程图

4. 尝试用程序语言实现算法

相关的学习资料：Python中要用到的相关函数〔input()、print()、chr()、ord()、for变量in序列等〕、ASCII码对照表等。算法的基本结构：输入、存储、处理、输出。

程序代码如图5所示。

```
txt=input("请输入明文\n")
s=input("请输入密钥\n")
for q in txt :
    if 'a'<=q and q<='z':

        print(chr(ord(q)+int(s)),end='')

    elif 'A'<=q and q<='Z':
        print(chr(ord(q)+int(s)),end='')
    else:
        print(q,end='')
```

图5 程序代码

5. 测试代码

学生自行设置密钥，通过测试程序运行成功，每个人都很兴奋。

再多试几次，发现当密钥数值大时，字符加密后容易出现"{""|"
"}"等不是圆盘上的字母，什么原因？怎么办？

教师点拨：程序控制中只是让明文移动密钥相等的位置，没有设置易位后超出范围值怎么处理。我们的密码符置换范围是一个圆盘不是直线。

6. 优化程序

问题描述：如何让字母经过26个位置后又回来，形成一个回环。

思考问题：用什么数学方法可以得到比自身少1的所有数？

师生一起探讨：如数字5，用什么方法可以得到0，1，2，3，4？高中学生可能会想到对5求余：0%5=0，1%5=1，2%5=2，3%5=3，4%5=4，5%5=0，6%5=1，7%5=2…

对于英文字符我们可以通过ASCII码（表2）转换数值。

表2　ASCII码

字符	十进制码值	字符	十进制码值	字符	十进制码值	字符	十进制码值
@	64	P	80	`	96	p	112
A	65	Q	81	a	97	q	113
B	66	R	82	b	98	r	114
C	67	S	83	c	99	s	115
D	68	T	84	d	100	t	116
E	69	U	85	e	101	u	117
F	70	N	86	f	102	v	118
G	71	W	87	g	103	w	119
H	72	X	88	h	104	x	120
I	73	Y	89	i	105	y	121
J	74	Z	90	j	106	z	122
K	75	[	91	k	107	{	123
L	76	\	92	l	108	|	124
M	77	]	93	m	109	}	125

173

字符	十进制码值	字符	十进制码值	字符	十进制码值	字符	十进制码值
N	78	^	94	n	110	~	126
O	79	-	95	o	111	DEL	127

教师点拨：用两数相除取余数的办法可以得到比自身少1的所有数。每经过26个字母后余数又回到了下一个循环，即0，1，2，…，25。Python中取余方法，学生自主学习。

教师点拨：%和divmod，一个是整数运算取余，一个是函数运算取余。

程序代码如图6所示。

```
txt=input("请输入明文\n")
s=input("请输入密钥\n")
for p in txt:
    if 'a'<=p<='z' :
        print(chr(divmod(ord(p)-ord('a')+int(s),26)[1]+ord('a')),end=' ')
    elif 'A'<=p and p<='Z' :
        print(chr(divmod(ord(p)-ord('A')+int(s),26)[1]+ord('A')),end=' ')
    else:
        print(p,end=' ')
```

图6　程序代码

这个代码基于学生常识，学生能够理解并完成任务。

7. 解密文件

解密就是将加密文件算法中的密钥位置反向移动至相应位置。（图7）

```
txt=input("请输入明文\n")
s=input("请输入密钥\n")
for p in txt:
    if 'a'<=p<='z' :                              -int(s)
        print(chr(divmod(ord(p)-ord('a')+int(s),26)[1]+ord('a')),end=' '
    elif 'A'<=p and p<='Z' :
        print(chr(divmod(ord(p)-ord('A')+int(s),26)[1]+ord('A')),end=' '
    else:
        print(p,end=' ')
```

图7　解密代码

（五）密码安全性分析

尝试：如果不用计算机，如何破解恺撒密码？

学生自主学习用频率分析破解恺撒密码的方法，深入了解密码安全的重要性，探索更安全的密码。

学生探究：密文是L oryh brx，尝试破译成明文。

探究指导：密文看起来毫无头绪，根据图8字母使用频率图，密文中r出现了两次，我们猜测密文中r可能对应的字母，其尝试顺序如图8中字母使用频率，r对应为e、t、a、o、i等，一一尝试，就可以找到匹配程度高的明文。

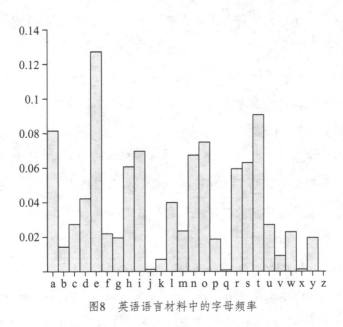

图8　英语语言材料中的字母频率

过程如下：

r对应e，密钥13，翻译明文为Y belu oek，不是。

r对应t，密钥2，翻译明文为J mpwf zpv，不是。

r对应a，密钥9，翻译明文为C fipy sio，不是。

r对应o，密钥3，翻译明文为I love you，匹配度高。

这个分析过程就是计算机暴力破解过程，逐一尝试，遍历所有可能，直到找到结果。

得出探讨结果：恺撒密码最多尝试26次就能破解密码，安全性不高。

探讨如何提高密码安全性？

教师提点：从密码术的两个要素，即密码算法、密钥考虑。

175

（六）密码技术发展历程

密码学大致可分为古典密码学和现代密码学，两者的主要差别在于计算机的使用。一般来说，古典密码学是基于字符的，而现代密码学是基于二进制的。

学生活动：学生根据学习包材料学习密码学发展历程，了解现代密码学领域发展的重大里程碑事件，了解古典密码、机械式和电动式密码机、现代密码算法。

现代密码里程碑事件：

1976年，美国政府宣布采纳IBM公司设计的方案作为非机密数据的正式数据加密标准定义（DES）。

1976年，Diffie和Hellman发表的文章《密码学的新方向》引发了密码学的一场革命。他们首先证明了在发送端和接收端无密钥传输的保密通信是可能的，探讨了无须传输密钥的保密通信和签名认证体系问题，正式开创了现代公钥密码学新纪元。

1978年，R. L. Rivest、A. Shamir和L. Adleman实现了RSA公钥密码体制。

1969年，哥伦比亚大学Stephen Wiesner首次提出了共轭编码的概念。1984年，H. Bennett和G. Brassard在此理论启发下，提出了量子理论BB84协议，从此量子密码理论宣告诞生，其安全性在于可以发现窃听行为、可以抗击无限能力计算行为。

1985年，2位科学家首次将有限域上的椭圆曲线用到了公钥密码系统中，其安全性是基于椭圆曲线上的离散对数问题的困难性。

1989年，4位科学家把混沌理论用到序列密码和保密通信中，为序列密码研究开辟了新途径。

2001年11月，NIST发布高级加密标准AES，代替DES成为商用密码标准。

【教学反思】

1.通过恺撒加密理解密文、明文、密钥等概念，体验数据加密的重要性。

2."加密系统的保密性只应建立在对密钥的保密上，不应该取决于加密算法的保密。"这是密码学中的"金科玉律"。现代密码学大大提高了密匙的安全性,暴力破解几乎不可能。

3.用计算程序解决问题也是信息系统的一个子系统问题,其目标是实现加密解密的自动化,也是信息的处理过程,一样需要不断提高其系统的安全性能。

【课堂练习】

1.是否有增加恺撒密码破解难度的加密方法?

2.不管恺撒加密破解难度增加多少,在孜孜不倦的计算机面前还是小事一桩,你认为更安全的加密方式是什么?探究其加密原理。

参考答案:

作业1: 根据加密系统的保密性只应建立在对密钥的保密上的要求,我们可以从加大密钥破解难度方面考虑,类似于恩尼格码密码机。密钥通过一个随机产生的字符串,每次取其中一个字符,往复循环使用。每天更换此随机字符串,增加暴力破解和频率分析破解的难度。

比如,考虑不用一个数字做密钥,而是选择一个英语单词做密钥,如"algorithm"。这个单词由9个字符构成,用它们在英文字母表中的序号(从0开始)作为相应的"移位量",则分别是"0,11,6,14,17,8,19,7,12"。现在加密是依次轮流使用这9个不同的位移量值,只需对密钥字长度取模即可。

作业2: 通过数学方法提高密钥的保密性是现代密码学算法的要求,加密可分为有对称加密和非对称加密。

RSA加密: 一种非对称加密算法,在公开密钥加密和电子商业中广泛使用。

非对称加密算法: 需要两个密钥:公开密钥(publickey,简称公钥)和私有密钥(privatekey,简称私钥)。公钥与私钥是一对,如果用公钥对数据进行加密,只有用对应的私钥才能解密。因为加密和解密使用的是两个不同的密钥,所以这种算法叫作非对称加密算法。

RSA加密原理：

必备数学知识：

RSA加密算法中，只用到素数、互质数、指数运算，模运算等几个简单的数学知识。所以，我们只要了解这几个概念即可。

公钥与密钥的产生：

假设Alice想要通过一个不可靠的媒体接收Bob的一条私人讯息，她可以用以下方式来产生一个公钥和一个私钥：

（1）随意选择两个大的质数p和q，p不等于q，计算$N=pq$。

（2）根据欧拉函数，求得$r=(p-1)(q-1)$。

（3）选择一个小于r的整数e，求得e关于模r的模反元素，命名为d。（模反元素存在，当且仅当e与r互质时）

（4）将p和q的记录销毁。

$(N，e)$是公钥，$(N，d)$是私钥，Alice将她的公钥$(N，e)$传给Bob，而将她的私钥$(N，d)$藏起来。

加密消息：

假设Bob想给Alice送一个消息m，他知道 Alice产生的N和e。他使用与Alice约好的格式将m转换为一个小于N的整数n，如他可以将每一个字转换为这个字的Unicode码，然后将这些数字连在一起组成一个数字。假如他的信息非常长的话，他可以将这个信息分为几段，然后将每一段转换为n，用下面这个公式他可以将n加密为c：

$$ne \equiv c \pmod N$$

计算c并不复杂，Bob算出c后就可以将它传递给Alice。

解密消息：

Alice 得到 Bob的消息c后就可以利用她的密钥d来解码。她可以用以下这个公式来将c转换为n：

$$cd \equiv n \pmod N$$

得到n后，Alice可以将原来的信息m复原。

解码的原理：

（1）cd≡ned（mod N）

（2）ed≡1（mod p-1）和ed≡1（mod q-1）。由费马小定理可证明（因为p和q是质数）

（3）ned≡n（mod p）和ned≡n（mod q）。

这说明ned≡n（mod pq）。（因为p和q是不同的质数，所以p和q互质）

案例八　研究网络订票系统安全问题

——信息系统安全风险与防范方法

【教材分析】

本课是沪科教版必修2项目九《研究网络订票系统安全问题——信息系统安全风险与防范方法》的内容。信息系统安全是系统正常工作的重要保障，信息安全已经成为影响国家安全和社会稳定的一个新焦点。本项目从管理者的角度出发，根据信息系统五个组成要素分析网络订票系统安全风险以及防范措施，培养学生对信息系统安全风险的预测能力，使学生能够做好风险防范，增强学生信息安全意识、数字化胜任力。

【学情分析】

网络订票对高中生而言是有生活经历的，网络订票系统工作过程也是学生熟悉的。学生平时使用手机和电脑时间少，知道使用信息技术有风险，但是风险意识比较低。本课通过案例分析让学生深切感受信息安全的重要，提高学生的信息安全意识。

【教学目标】

1. 通过体验12306订票系统注册实名认证、个人信息可能泄露的新闻认识到信息系统应用过程中存在的风险，培养批判性思维。

2. 理解网络订票系统是信息系统，应用信息系统组成要素以及连接（业务流、信息流）分析可能存在风险的环节，培养信息安全意识和风险防范能力。

3.熟悉信息系统安全防范的常用技术方法。

4.养成规范的信息系统操作习惯，树立信息安全意识。

【教学重难点】

教学重点：信息系统风险来源以及表现形式，风险防范的基本方法。

教学难点：信息系统风险来源以及表现形式。

【教学方法】

小组协作法、谈论法、任务驱动法。

【课时安排】

2课时。

【教学过程】

（一）新课引入

观看小品《有事您说话》片段。网络订票系统大大方便了我们的生活，这样的信息系统还有很多，如公交卡系统、网络购物平台等。

活动一：学生体验12306网络订票系统，按照一定的方法和步骤完成注册并进行网络订票

12306网络订票系统如图1所示。

图1　12306网络订票系统

思考：为什么网络订票系统要求实名认证？为什么实名认证除了填写姓名外，还需要填写身份证号码和电话号码？短信验证有什么作用？

教师提点：实名认证是对用户资料真实性进行的一种验证审核，有助于建立完善可靠的互联网信用基础。其一般有银行卡认证和身份证认证两种方式，可以避免一部分网络诈骗。

利用短信验证码来注册会员，大大降低了非法注册、滥注册的数据，同时为网银客户增加了一道安全保障。

活动二：观看信息安全宣传片，增强信息安全意识

讨论视频中的实名制带来的风险，辩证看待网络实名制的优劣，引入下一环节——系统信息安全风险（图2）。

```
个人网络信息泄露安全风险
1. 垃圾短信、骚扰电话、垃圾邮件源源不断。
2. 冒名办卡透支欠款。
3. 案件事故从天而降。
4. 账户钱款不翼而飞。
5. 个人名誉无端受损。
```

图2　讨论结果呈现

（二）分析网络订票系统的安全风险

（1）学生根据自身经历以及信息系统相关知识，自主学习网络订票系统工作一般过程，阅读电子课本验证思维过程。

网络订票系统的工作过程如图3所示。

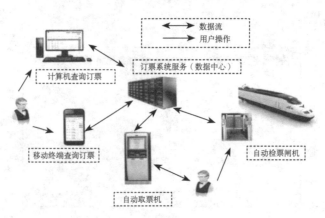

图3　网络订票系统的工作过程

（2）了解网络订票系统工作一般过程，以及网络订票系统会从哪些方面产生安全风险。

网络订票系统是一个规模庞大的信息系统，信息在存储、处理和交换过程中都存在泄密或被截获、窃听、篡改、伪造的可能性，信息系统所涉及的各个环节都面临着安全保护问题。

小组合作完成项目。

活动三：分析网络订票系统存在的安全风险

小组交流，通过阅读电子课本或上网查阅资料，分析网络订票系统可能存在的风险和原因，并从主观风险和客观风险两个方面对订票系统存在的安全风险进行归类，填写表1。教师样本见表2。

表1　网络订票系统存在的安全风险表

要素	风险	原因	主观风险/客观风险	导致的问题	建议
硬件					
软件					
网络					
数据					

表2　教师样本

要素	风险	原因	主观风险/客观风险	导致的问题	建议
硬件	服务器运行故障	停电	客观	网络购票出错	UPS不间断电源，或者两套备用关键硬件部件（电源、内存、网络设备、通信线路等）
软件	订票系统崩溃	黑客、病毒	主观/客观	网络购票出错	数据备份、防火墙、系统升级
网络	未授权访问或网络被攻击	恶意网站或不安全站点下载文件	主观	网络设备或资源不能用	硬件防火墙、杀毒软件及时更新升级
数据	信息系统故障	人为误删改、病毒、黑客	主观/客观	数据丢失	除上述建议外，还包括数据加密、指纹或语音验证登录

下篇

实践课堂

（三）风险防范

（1）学生通过上网查阅信息安全实例，知道信息系统风险存在于硬件、网络、软件和数据环节中，经过案例分析发现数据是高风险地带，很多案例都是数据泄露或是窃取等引发的。

2021年6月2日，华为技术有限公司副总裁、数据存储与机器视觉总裁周跃峰，在2021浦江创新论坛金融科技专题论坛上做了主旨演讲——"数据得不到保护，无异于自杀行为"，可见数据保密和保护的重要性。

（2）师生一起分析由信息系统安全风险引发的信息安全事件分类（表3）。

表3 风险列表

事件类型	具体事件
有害程序事件（软件）	计算机病毒事件、蠕虫事件、特洛伊木马事件、混合攻击程序事件、网页内嵌恶意代码事件等
网络攻击事件网络（网络）	拒绝服务攻击事件、后门攻击事件、漏洞攻击事件、网络扫描窃听事件、网络钓鱼事件、干扰事件等
信息破坏事件	信息篡改事件、信息假冒事件、信息泄漏事件、信息窃取事件、信息丢失事件等
信息内容安全事件（数据）	违法违规的信息安全事件，针对社会事项讨论、评论形成的舆论热点炒作信息等安全事件，组织串联、煽动集会游行信息安全事件；等等
设备设施故障	软硬件自身故障、外围保障设施故障、人为破坏事故等
灾害性事件（硬件）	水灾、台风、地震、雷击、坍塌、火灾、恐怖袭击、战争等

灾难性事件虽然概率小，但风险防范不能少。美国的双子大楼在"9·11"事件中倒塌，当时纽约银行和德意志银行的数据中心因此毁于一旦。6个月后，纽约银行破产清盘，而德意志银行因为在几十千米外做了数据备份，得以存活下来。

（3）信息系统面临这么多风险，如果没有安全防范措施，很难保证系统正常运行。教师分析学生收集的风险列表，提出降低信息系统的安全风险主要有两大类措施：技术防范及人为防范（图4）。

```
                  ┌ 硬件防火墙（内置了防火墙功
         ┌ 设置防火墙 ┤ 能的网络设备，如路由器）
         │        └ 软件防火墙（安装在服务器或个
         │          人计算机上的安全防护软件）
技术防范 ┤        ┌ 对称密钥加密技术（如网站地
         │ 数据加密 ┤ 址开头为https）
         │        └ 非对称密钥加密技术（数字签名）
         └ 病毒监控与防范
         ┌ 制定相关法律法规、加强内部管理、对系统的
         │ 使用者和管理者进行教育
人为防范 ┤ 养成规范的信息系统操作习惯，定期进行数据
         │ 备份。备份可选择专用备份工具，如操作系统
         │ 自带的备份程序、开源备份工具、云备份文件
         └ 等，也可用光盘或移动硬盘等介质备份
```

图4　降低信息系统的安全风险的主要措施

（四）案例分析，知识内化

学生根据教师提供的资料阅读清单，选择一组案例，小组合作分析案例中涉及的安全风险并针对风险提出防范措施（表4）。

表4　风险防范措施列表

案例	安全风险	应对策略

案例："9·11"事件引发的数据灾难、315免费WIFI App软件视频、智能家居重大漏洞、社交软件直播过程中刷礼物涉嫌诈骗（社交软件数字足迹管理）、公司国家机密泄露等。

没有网络安全就没有国家安全，网络攻击事件频发，其中不乏涉及电力、水利、能源、交通等领域。关键信息基础设施领域应提高安全意识、加强安全防护。

【教学反思】

信息系统各个环节都可能存在安全风险，如硬件、软件、数据、网络以及所涉及的业务流程等，我们在做好信息系统安全防范的同时，要做个合格

的数字化公民。

信息系统安全风险与防范明细如图5所示。

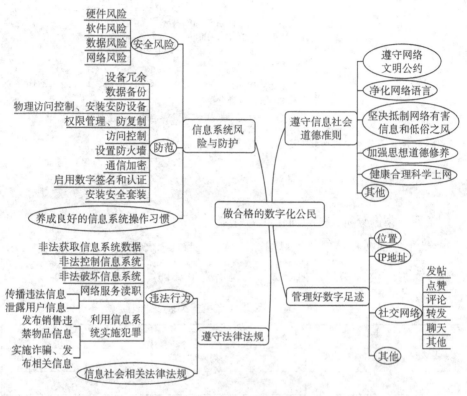

图5　信息系统安全风险与防范明细

【课堂练习】

1. 应用购物平台时如何保护个人信息和账户安全？

2. 应用社交软件如何管理好自己的数字足迹？

参考答案：

作业1（表5）：

表5　个人信息列表

个人信息风险渠道	个人信息受侵形式	提高网购安全主要措施
1.用户登录注册过程中，个人信息轻而易举地被商家获取。	首先是个人信息的非法收集。网购过程中运用Cookie软件对网络操作进行跟踪；利用网络黑客对	1.消费者自身养成良好的上网习惯：①对不良网站、黑网站的信息进行屏

个人信息风险渠道	个人信息受侵形式	提高网购安全主要措施
2.浏览相关网页过程中，用户的浏览足迹会在网络日志上留下相关记录。 3.在填写订单的过程中，消费者填写相关订单订货以及送货信息。送货者以及商家十分清楚消费者的个人信息。这些订单信息还可间接折射出消费者的购物倾向和消费能力。 4.网络支付过程中存在的安全威胁大致包括交易劫持、木马、钓鱼网站以及盗号木马三大类	他人的系统进行非法侵入，运用非授权登录模式对他人的系统进行恶意攻击，获取或者篡改个人信息；用免费奖品和电子邮件服务形式对消费者的个人信息进行非法收集。 其次是对消费者的个人信息进行非法开发及利用。一些商家会将消费者的个人信息建立起综合数据库，通过分析这些信息，可以得到消费者一些不为人知的信息，从中获取对自身经营有利的信息	蔽拦截；②定期清理历史记录以及缓存。 2.了解相关网络技术，强化个人信息保护意识以及提高控制水平，如对Cookie的禁用与删除等。 3.建立健全网络法制体系，电子商务相关立法存在较大空缺

作业2（表6）：

表6　安全防范措施

网络公司	个人
1.提升员工网络安全防范意识。通过日常网络安全知识科普与培训、学习与实践，提升员工的网络安全防范意识与防范能力。 2.培养阅读隐私政策和使用条款的习惯。仔细阅读并详细了解所收集的信息类型、使用方式以及保护个人信息的安全措施，拒绝使用存在安全隐患的程序和服务。 3.禁用 Cookie。即使使用者没有主动在应用程序和网站上共享信息，数据也会通过设备、IP 地址和网络被跟踪，所以在非必要的情况下，建议禁止Cookie的使用。 4.配置并更改默认设置。某些应用程序的默认设置为"开放"状态，在条件允许的情况下使用最高和最严格的可用设置。 5.禁用受监视的设置。避免使用需要访问位置、日历和联系人列表的不必要应用程序，禁用用于运行分析的设置，并监控针对定向广告的操作。除此之外，应及时了解应用程序的协议条款、更新和隐私设置的更改	1.消费者自身养成良好的上网习惯：①对不良网站及黑网站的信息进行屏蔽拦截；②定期清理历史记录以及缓存。 2.了解相关网络技术，强化个人信息保护意识以及提高控制水平，如对Cookie的禁用与删除等。 3.安装防病毒软件和防火墙，以降低被动共享数据的风险

下篇

实践课堂

187

案例九　规划并连接数字家庭系统的网络

——组建小型信息系统网络

【教材分析】

沪科教版必修2项目五通过功能各异的智能家居和数字化产品引起学生的学习兴趣，在分析数字家庭系统需求的过程中培养学生的信息意识和计算思维；在搭建数字家庭系统的过程中，引入网络的概念，学习计算机网络的主要功能及分类、互联网的接入方式及常见网络设备的功能等知识，然后应用学到的知识，根据家庭实际情况和需求规划并搭建数字家庭系统网络，在规划和搭建的过程中培养学生的数字化学习能力与创新能力。

【学生分析】

数字时代，几乎家家户户都有网络，学生对网络的连接和使用已经具有初步的了解。

【教学意图】

通过数字家庭系统这样一个贴近学生生活的实例，让学生从日常生活入手，学习小型信息系统网络，让网络互联贴近实际生活，让网络知识不再存在于虚拟世界中，从实际入手，让网络知识更加简单易懂。

【教学目标】

1. 能根据需求规划数字家庭系统，掌握可用的宽带接入方式。
2. 知道常见网络设备的作用和功能。
3. 能够规划数字家庭系统网络。
4. 能连接网络通信设备和网络终端设备。

【教学重难点】

教学重点：网络的基本功能及主要分类、常见的网络设备及功能。

教学难点：能够将数字家庭系统的网络设备按接入层、网络层和终端层进行划分，并动手连接。

【教学过程】

（一）新课导入

提问：观看视频，结合视频内容，思考并回答什么是数字家庭系统，需求功能有哪些。

播放视频"智能家居"。

设计意图：播放"智能家居"视频，让学生了解什么叫智能家居。学生在心中会思考教师在播放视频前提出的问题——"自己家中有哪些家庭设备是互联网设备，它们的功能是什么？这些设备又是怎样连接在一起的呢？"从而引出本节课的内容。

（二）学生探究

请学生结合家庭现状，完成表1。

表1　当代数字家庭的需求

功能	需要的家庭设备
办公	台式机、智能手机、打印机
远程监控	摄像头
远程控制家电	

功能	需要的家庭设备

总结：不同家庭对数字家庭系统的功能需求不完全相同，如办公、娱乐、安防等方面的需求。

数字家庭系统如图1所示。

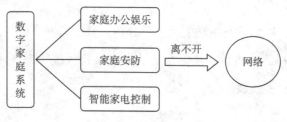

图1　数字家庭系统示意图

网络：利用通信设备和线路（有线的和无线的）将地理上分散分布的具有独立功能的多台计算机或移动终端相互连接，通过功能完善的网络软件实现网络中资源共享和信息传递的系统。

设计意图：通过对自己家庭的网络需求的调查，知道数字家庭系统中所有的设备都离不开网络，了解网络是什么，并知道不同的家庭对数字家庭系统功能的需求是不相同的。

（三）计算机网络的分类

按网络信号传输介质来划分，计算机网络可分为有线网络和无线网络。

按网络规模和地理范围从小到大来划分，计算机网络可分为个域网（personal area network，PAN）、局域网（local area network，LAN）、城域网（metropolitan area network，MAN）和广域网（wide area network，WAN）。

（四）网络设备

网络设备可以分为网络终端设备和网络通信设备。

网络终端设备主要用于实现各种应用功能。常用的网络终端设备有台式计算机、笔记本电脑、智能手机、平板电脑等。

网络通信设备主要用于控制网络中数据的传输速度、信号转换，保证数据准确地从起始端传输至接收端等。常用的网络通信设备有网卡、调制解调器、路由器、交换机、无线 AP 等。

1. 网卡

网卡实现设备与网络传输介质（如网线）之间的物理连接，具有数据发送与接收、编码与解码等功能。（图2）每一张网卡都有一个独一无二的物理地址，用来定义网络设备的位置，即 MAC（Media Access Control，介质访问控制）地址，MAC地址由12个十六进制数组成。

图2　网卡

2. 调制解调器

调制解调器（modem，俗称猫）将数字设备中承载数据的信号转化为可以在不同的信道（如电话线等）内传递的信号。（图3）不同种类的调制解调器的选用取决于接入互联网的方式。调制解调器通常由网络运营商提供。

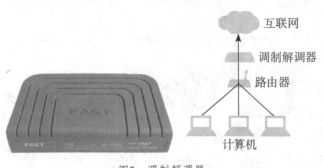

图3　调制解调器

3. 路由器

路由器在网络中控制数据流，同时扮演着网间连接器的角色，负责将数据从一个网络传递到另一个网络。（图4）

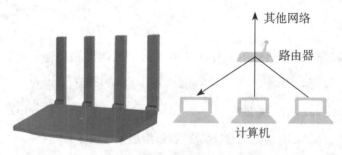

图4　路由器

4. 交换机

交换机提供较多的网络端口，将信号传送至一个单独的连接在该交换机端口上的计算机。（图5）

图5　交换机

5. 无线 AP

无线 AP（access point）即无线接入点，可实现无线设备与有线网络的连接。（图6）

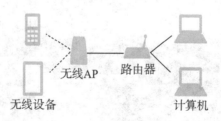

图6　无线AP

提问：你家中或者学校有哪些网络设备？它们的作用是什么？请同学们思考并回答。

设计意图：通过对网络设备的了解，知道在数字家庭中要实现上网功能，需要如何将网络设备进行互联，并知道它们的作用。

（五）学生探究活动

四口之家，父母48岁，老大上高中，老二上初中，三室两厅的住宅。确定此数字家庭系统的功能需求，分析功能实现所需要的设备。

基于现实情况的家庭局域网网络通信设备设计安排示例如图7所示，数字家庭系统网络涉及的设备如图8所示。

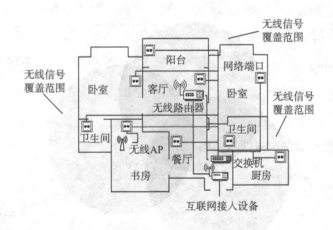

图7　基于现实情况的家庭局域网网络通信设备设计安排示例

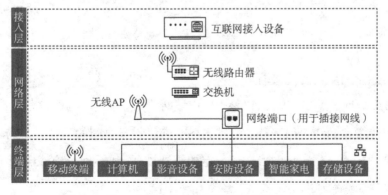

图8　数字家庭系统网络涉及的设备

下篇　实践课堂

193

接入层设备：指将家庭网络连入因特网的网络通信设备。

网络层设备：指把各类设备连入家庭局域网的网络通信设备。

终端层设备：主要指需要联网的家用设备，用于实现数字家庭系统的具体功能。

互联网接入方式：电话线拨号接入、ISDN接入、ADSL接入、有线电视网接入、光纤接入、无线接入、电力网接入等。

最常见的三种接入方式：

（1）ADSL，通过家庭原有的电话线拨号上网。

（2）有线电视网，主要利用有线电视网进行数据传输。

（3）光纤接入，利用光信号传输数据的互联网接入方式，上网速度快，是目前家庭网络主流的接入方式。

设计意图：意在让学生从实际出发，设身处地地规划一套数字家庭网络系统，把网络设备这一节的内容运用到实际生活中去，进一步巩固对网络设备内容的理解。

（六）连接数字家庭网络系统

各网络设备端口的连接示意如图9所示。

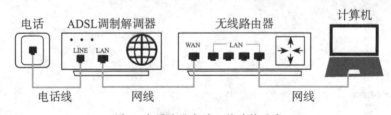

图9　各网络设备端口的连接示意

LAN是局域网的英文缩写，WAN是广域网的英文缩写。对应地，LAN口是连接局域网的端口，WAN口是连接广域网（如互联网）的端口。

双绞线（网线）用于移动终端、各个网络设备之间的互联，是局域网中最常见的传输介质。将网线按照一定的规则排列，再和水晶头相连接，就可以插入移动终端和网络设备了。（图10至图12）

194

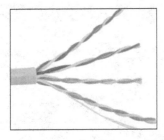

图10 双绞线　　　　　图11 装上了水晶头的双绞线　　图12 双绞线连接机箱

设计意图：让学生直观地了解什么是双绞线，它是如何和移动终端、网络设备连接的。

（七）学生练习

让学生结合自己的家庭需求，详细规划网络，并请一位同学上台讲解自己的设计理念。

（1）明确网络设备及连接方式。

（2）画出网络规划图。

建议：

由于家庭网络环境差异较大，建议在规划家庭网络时，考虑以下几点：

① 如今互联网接入设备都带无线路由器功能，但其网络接口数量有限（通常只有4个有线端口），而且部分设备设有最大连入设备数等限制。如果要接入的设备数较多，可通过增加一个无线路由器来增强网络功能和性能。

② 如果接入网络的有线设备较多，还可以通过增加一个交换机来增加有线端口数量。

③ 在各房间或者功能区，建议安装网络端口，便于局域网的组建。网络端口的数量可根据各房间和功能区的需求而定。

设计意图：通过对自己家庭网络的设计，巩固这堂课所学的知识，将其运用到实际生活中。

（八）归纳总结

（1）计算机网络的分类。

（2）网络设备的作用和功能。

（3）规划数字家庭系统网络系统。

（九）拓展

请同学们思考：是不是网络通信设备连接完成就能上网了？

设计意图：为下节课配置并测试数字家庭网络系统做准备。

【教学反思】

本节课，学生能理解网络通信设备的作用，了解计算机网络的分类，但在网络设备的连接以及规划上还存在欠缺，缺少实践的机会。

【课堂练习】

（一）选择题

1. 某网络服务供应商提供"光宽带"业务，提出"在家上网，通过计算机、手机、平板等各式终端开启家庭上网极速体验"的口号，移动光宽带主要通过（　　　）方式接入因特网。

A. 光纤接入　　　　　　　　B. 电话线拨号接入

C. 有线电视网　　　　　　　D. ADSL接入

2. 查看某台计算机的网络连接详细信息，如图13所示，参数"34-97-F6-7F-5D-C4"指的是（　　　）的MAC地址。

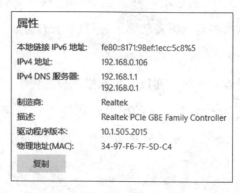

图13　某台计算机的网络连接详细信息

A. 路由器　　　　B. 交换机　　　　C. 网卡　　　　D. 调制解调器

3. 下列设备不属于网络通信设备的是（　　　）

A. 交换机　　　　　B. 路由器　　　　　C. 网络打印机　　　D. 调制解调器

4. 组建小型局域网时，连接计算机与交换机最常见的网络有线传输介质是（　　　）

A. 电力线　　　　　B. 光纤　　　　　　C. 同轴电缆　　　　D. 双绞线

5. 要组建一个有40台计算机联网的机房，连接这些计算机的恰当方法是（　　　）

A. 用双绞线直接将这些计算机两两相连

B. 用双绞线通过交换机连接

C. 用光纤通过交换机连接

D. 用光纤直接将这些计算机两两相连

（二）填空题

1. 网络是利用_____和_____，将地理上分散分布的具有独立功能的多台计算机或移动终端相互连接，以功能完善的网络软件实现网络中资源共享和信息传递的系统。

2. 网络按照信号传输介质可以分为_____和_____。

3. 网络按规模和地理范围由小到大可以划分为PAN、_____、MAN、_____。

4. 网络设备分为网络终端设备和网络连接设备，交换机属于_____设备。

5. 网卡具有数据发送与接收、编码与解码等功能，每一张网卡都有全球唯一的_____地址。

（三）判断题

1. 学校网络中心的主交换机突发断电故障，学生在机房无法完成制作演示文稿的活动。（　　　）

2. 某路由器有5个LAN端口，可以通过网线连接5台设备。（　　　）

3. 因特网属于广域网。（　　　）

4. 小红把在家里能正常上网的笔记本电脑带到学校，为了接入校园网后能正常上网，她要修改笔记本电脑的MAC地址。（　　　）

下篇

实践课堂

5. 小明将摄影作品放在某网站的云盘中并分享给家人。这利用了计算机网络资源共享的功能。（　　　）

参考答案：

（一）选择题

1. A　　　　2. C　　　　3. C　　　　4. D　　　　5. B

（二）填空题

1. 通信设备　线路

2. 有线网络　无线网络

3. LAN　WAN

4. 网络连接

5. MAC

（三）判断题

1. 错　　　2. 对　　　3. 对　　　4. 错　　　5. 对

案例十　分析电子点餐信息系统

——认识计算机和移动终端

【教材分析】

硬件是信息系统的物质基础，而软件可以控制指挥硬件协同工作，两者相互依存、缺一不可。本课通过点餐系统介绍电子点餐信息系统有哪些硬件，并通过点餐时计算机的处理过程，引出计算机的工作原理。通过对本项目的学习，学生可以对信息系统中的硬件有基本的了解，知道信息系统中，计算机必不可少，并且能说出计算机和移动终端各自的作用。

【学生分析】

学生已经在高一的课程必修1中学习了信息系统组成元素之一——数据的相关知识。通过了解点餐系统中数据的走向，引出信息系统中另外两个重要组成部分之一——硬件。

【教学意图】

希望学生能够通过对信息技术发展及其对社会的影响的学习，理解信息科技进步对人类进步，对人类社会生产力、生产关系变革的作用与价值；能够从社会生活实例中感知信息社会和工业社会的典型特征。

【教学目标】

1. 掌握计算机的概念。

2. 掌握计算机的五大组成部件，并能描述其基本工作原理。

3. 掌握移动终端的概念、特点及组成。

4. 了解信息系统中计算机和移动终端的作用。

【教学重难点】

教学重点：计算机和移动终端的组成、工作原理及作用。

教学难点：计算机基本工作原理。

【教学过程】

（一）课前活动

学生走访现代化餐厅，了解电子点餐的模式和管理方式，归纳整理电子点餐信息系统的主要工作流程，完成PPT报告。

设计意图：让学生自主了解点餐系统的工作流程，以便在课程学习中更好地理解接下来的内容。

（二）学生自主探究

（1）学生汇报所调查餐厅的点餐流程及运营模式。

（2）启发学生思考分析电子点餐流程（图1），并画出思维导图。

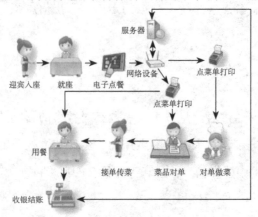

图1 电子点餐流程

（3）思考传统餐厅点餐流程（图2），并画出思维导图。

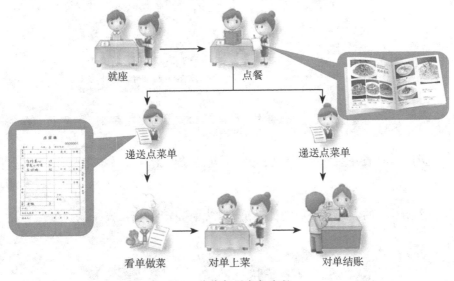

图2　传统餐厅点餐流程

　　提问：与传统点餐方式相比，电子点餐信息系统实现了点餐业务流程中哪些环节的自动化？在信息的采集、存储、传输和处理等方面具有哪些优点？

　　答：实现了传单做菜、结账、计算营业额、生成财务报表等方面的自动化；在信息的采集、存储、传输和处理等方面具有订单的录入比手工更加快捷、存储的餐饮数据更多、数据传输实时快速、可以根据服务器内存储的数据进行各种统计和分析等优点。

（三）传统点餐方式和电子点餐方式的对比

传统点餐方式和电子点餐方式的对比如图3所示。

传统手写单：服务员手工写字不清，无法识别客户消费清单，不容易查询。

小票机打印：打印出来的数据清晰，数据准确无误，方便快捷。

菜谱点单：顾客点餐速度慢，还需要送到后厨，经常忙中出错乱，效率低。

扫码自助点餐：随时完成下单，无须工具单，无须人力送单，分开打印更清楚

图3 传统点餐方式和电子点餐方式的对比图

提问：点餐系统都有哪些硬件？不同的硬件给点餐系统带来什么不同的变化？

答：常见的供顾客点单的计算机设备如图4至图7所示。

图4 触摸屏计算机

图5 智能手机

图6 平板电脑

图7 点菜宝

厨房及收银使用的计算机和终端设备如图8至图10所示。

图8　收银机　　　　图9　厨房显示器　　　　图10　打印机

不同的硬件使点餐下单、结账付款等不受时间和地点的限制，更加灵活便捷。

设计意图：通过学生课前调查研究电子点餐的报告，引出传统点餐的流程。对比传统点餐流程和电子点餐流程的区别，进一步了解电子点餐所需要的硬件设备以及它们的作用。

（四）探究点餐数据的计算机处理过程

计算机由硬件和软件两大部分组成。

1. 台式计算机硬件组成

计算机：俗称电脑，是能够按照程序运行，自动、高速处理海量数据的现代化智能设备。

计算机硬件如图11所示。

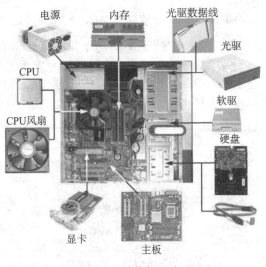

图11　计算机硬件

2. 计算机基本工作原理

计算机的硬件分为运算器、控制器、存储器、输入设备和输出设备五个部分。其工作原理如图12所示。

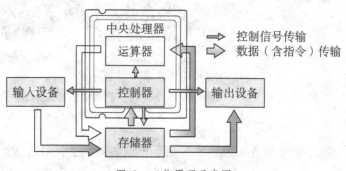

图12　工作原理示意图

计算机工作原理简单描述：①输入设备接收外界信息（程序和数据），控制器发出指令将数据送入内存。②控制器向内存发出指令，程序指令逐条送入控制器。③控制器对指令进行译码，并根据指令的操作要求，向存储器和运算器发出存数、取数命令和运算命令。

（1）CPU（中央处理器）。运算器和控制器合称中央处理器。CPU是整个计算机运作的核心部件。计算机处理速度很大程度上取决于CPU的性能。CPU的主要性能指标有以下几个：

① 核心数。同等条件下，核心数越多，CPU性能越好。

② 时钟频率。时钟频率指CPU运算时的工作频率。频率越高，运算速度越快。

③ 字长。字长指CPU同时处理的二进制位数。字节越大表示CPU在一定周期内处理的数据越多。

④ 缓存容量。缓存容量越大，CPU性能越好。

（2）存储器。

按数据保存方式分类，存储器可以分为只读存储器（ROM）和随机访问存储器（RAM）。

只读存储器是永久性存储器，通常用来存储计算机的基本信息，如BIOS

就存在ROM中。

随机访问存储器则用来存储正在执行的程序和数据，是临时存储器。它随时访问存储器中的数据，会随着应用程序或计算机的关闭而清空。

按作用分类，存储器可分为主存储器和辅助存储器。

① 主存储器安装在计算机内部，如内存条。

② 辅助存储器用来存储需要长久保存的大量数据和程序，通常由存储设备和存储介质两部分组成，常用的有磁介质存储器、光存储设备和固态存储器。

磁介质存储器的典型代表是机械硬盘，也就是计算机主机机箱中的硬盘。除此之外，常用的移动硬盘也有一些是磁介质存储器。

最常见的光存储设备是光盘驱动器（光驱），按照读写功能分为只读光驱和可刻录光驱。

固态存储器主要有优盘、存储卡和固态硬盘。

（3）输入设备。输入设备是向计算机输入信息的设备，如鼠标、键盘、扫描仪、麦克风、摄像头、绘图板、虚拟键盘、操纵杆等。

（4）输出设备。输出设备是输出计算机处理结果，将计算机中存储的数据转换成外界能接受的表现形式的设备。常见的输出设备有显示器、打印机、音响、投影仪等。

设计意图：了解计算机工作原理和计算机各部件的作用，从而进一步了解电子点餐系统中各个部件是如何互联工作的。

（五）移动终端的工作原理

思考：移动终端（如智能手机）与计算机有何区别？

移动终端又称移动通信终端，是指可以在移动中使用的计算机设备，包括智能手机、笔记本电脑、平板电脑、POS机、车载电脑、可穿戴设备等。

移动终端的工作原理同计算机工作原理基本类似。

移动终端工作流程如图13所示。

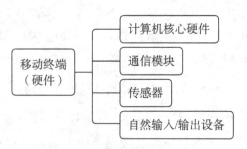

图13　移动终端工作流程

提问：移动终端是什么？它有哪些特点？

答：移动终端是指在移动中使用的计算机设备。它在移动通信能力方面比计算机强；体积通常比计算机小，便携；界面较计算机更人性化；在性能方面通常略逊于计算机。

设计意图：通过上面一系列的学习，同学们已经充分了解计算机的硬件和点餐系统中各个硬件设备的作用。在这一节的学习中，我们进一步了解了主机是如何和移动终端进行数据互联的。

学生活动：根据电子点餐信息系统的计算机处理过程画出流程图。（图14）

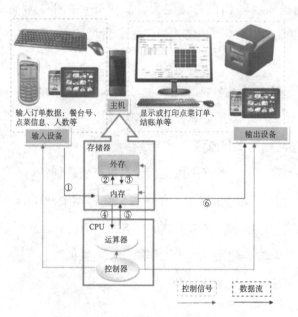

图14　计算机处理过程流程图

提问：计算机和移动终端在信息系统中的作用是什么？

答：信息系统的运行离不开计算机。没有计算机，信息系统无法完成信息的处理，更无法实现自动化。因此，计算机是信息系统的物质基础。有了计算机，信息系统才可以完成数据的输入、存储、处理、输出等一系列重要的工作。

而移动终端则使得信息系统处理信息不受时空限制，增强了信息系统应用的灵活性和便捷性。

（六）学生练习

（1）查看学校所使用的计算机中的关键部位信息，如CPU的型号和相关参数，并了解这些参数的含义。

操作步骤提示：在已安装操作系统的计算机里右击"开始"菜单，再选择"系统"选项，然后在"关于"窗口中查看当前所用计算机的CPU型号、内存容量等。

请一个学生上台来说明他理解的参数的含义。

（2）使用数字化学习资源——"计算机硬件小测试"，模拟组装计算机。请一个学生上台演示。

（七）归纳总结

（1）了解不同类型计算机的特点。

（2）了解计算机的主要组成及各组成部件协调工作的方式。

（3）了解计算机处理电子点餐系统中的数据的方法。

（4）了解计算机和移动终端各自在信息系统中的作用及特点。

（八）拓展

请同学们观看点餐系统App软件开发的视频，了解App软件开发的基本流程，为下节课学习软件的功能和开发软件做铺垫。

【教学反思】

学生能准确认识计算机中各个硬件，并了解其作用，能正确完成硬件小测试。但在计算机工作原理的概念上还有不清楚的知识点，教师应多举实

下篇

实践课堂

例，让学生能更直观地了解内容。

【课堂练习】

（一）选择题

1. 为了确保食品安全，某市在学校（幼儿园）及养老机构安装了智能远程实时监控系统。以下关于该系统的表述中，符合实情的有（　　）

① 从清洗、制作到消毒的各个重要环节都应当安装监控设备。

② 各单位应当设置监控中心，并配备大容量的存储设备。

③ 所有的摄像头直接接入因特网，将信息传到监控中心。

④ 安装该系统后，食堂的安全问题得到了彻底解决。

A. ①②　　　　　　　B. ①④　　　　　　　C. ③④　　　　　　　D. ②③

2. 如图15所示，部件1和部件2在主板中安装的正确位置应该是（　　）

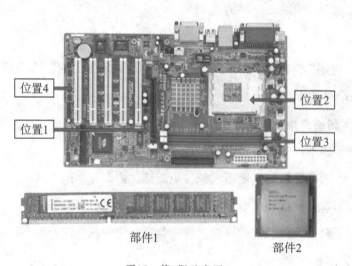

部件1　　　　　　　　　部件2

图15　第2题示意图

A. 位置3和位置2　　　　　　　　　　B. 位置2和位置3

C. 位置2和位置4　　　　　　　　　　D. 位置2和位置1

3. 如图16所示，设备1和设备2在机箱背面正确的连接位置应该是（　　　）

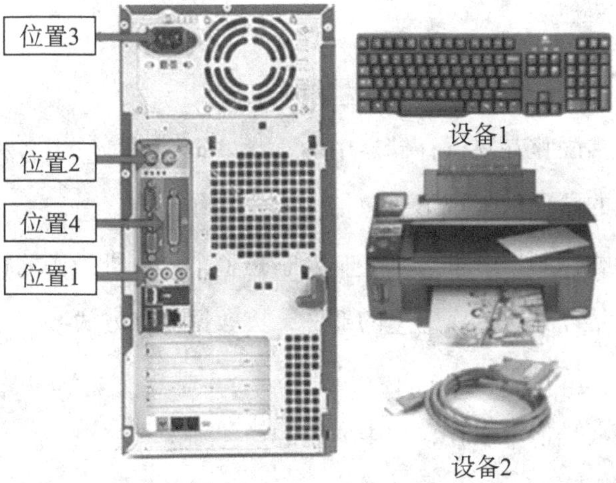

图16　第3题示意图

A. 位置2和位置1   B. 位置2和位置4

C. 位置2和位置3   D. 位置1和位置4

4. 以下（　　　）是衡量CPU性能的主要指标

① 字长

② 缓存容量

③ 时钟频率

④ 转速

⑤ 解码器

⑥ 核心数

A. ①③④⑥   B. ①②③⑥

C. ①②④⑥   D. ①②③⑤

5. 下列描述错误的是（　　　）

A. 计算机显示器上显示的信息一定要存放在内存中

B. 内存主要存放即将或正在被CPU处理的数据

C. 内存在性能上要满足频繁迅速调用数据的要求

下篇

实践课堂

D. 由于计算机断电时RAM中的信息全部丢失，因此需要通过配置不间断电源来弥补

（二）填空题

1. 计算机由_____和_____组成。

2. 程序包括固化在只读存储器中的_____、_____和各种_____等。

3. 计算机的硬件从外观上看包括_____和_____。

4. 运算器和控制器合称_____，它是整个计算机运作的核心部件。

5. 存储器是计算机_____的部件，按数据保存方式，可以分为_____和_____。

6. 移动终端是指可以在移动中使用的_____。

（三）判断题

1. 相对于外存，内存读写速度较快但容量不大，断电后RAM和ROM中的信息会丢失。（　　）

2. 常用的外存储器包括硬盘、光盘、U盘等。（　　）

3. 任何存储器都有记忆能力，存入其中的信息将永远不会丢失。（　　）

4. ROM中通常存放计算机系统引导程序、开机检测程序和系统初始化程序等对计算机运行十分重要的程序和信息。（　　）

5. 操纵杆、绘图仪、体感设备、3D打印机属于输入设备。（　　）

6. 移动终端的核心硬件部分由运算器、存储器、控制器、输入设备和输出设备组成。（　　）

参考答案：

（一）选择题

1. A　　　　2. A　　　　3. B　　　　4. B　　　　5. D

（二）填空题

1. 硬件　软件

2. 指令　操作系统　应用程序

3. 主机　外围设备

4. 中央处理器

5. 存储数据　只读存储器　随机访问存储器

6. 计算机设备

（三）判断题

1. 错　　　2. 对　　　3. 错　　　4. 对　　　5. 错　　　6. 错

案例十一　探秘鸟类研究

——认识数据、信息与知识

【教材分析】

必修1的第一单元项目一是整本书的开篇，主要学习内容为感受数据与信息，知道数据与信息的概念、特点以及相互关系。教学中，教师从日常生活和学生的学习经验出发，让学生感受到生活和学习中的数据与信息，认识数据与信息对社会发展和个人成长的影响，培养学生对本学科的兴趣。

【学生分析】

本地区的中小学基本都开设了信息技术课，高一学生有一定的学习基础。通过贴近实际的项目研究，可以提高学生的学习兴趣，培养学生的信息意识。

【教学意图】

以项目式学习为主体，在对鸟类研究的过程中，培养学生的信息意识，让学生在项目和实例中感受数据与信息，在感受的基础上总结、归纳，掌握基本知识。

【教学目标】

1. 通过实际案例分析，感知其中的数据和信息。描述信息和数据的概念和特征，理解数据、信息和知识之间的相互关系。

2. 通过项目学习，了解信息社会中数据的存在形式及其对生活的影响，感受数据与信息的关系，知道信息与数据的特点。在项目学习中通过分析不同来源的数据，体会数据所代表的意义与价值，培养从数据中提取有价值的信息的能力，发展信息意识。

3. 通过数字化学习活动，逐步适应数字化学习环境，掌握数字化学习的方法，能够根据需要选用恰当的数字化工具和资源开展学习。

【教学重难点】

教学重点：数据和信息的概念和特征。

教学难点：数据、信息与知识之间的关系。

【教学过程】

（一）导入，激发兴趣

教师展示图片：

成长记录如图1所示，错题巩固如图2所示。

图1　成长记录

下篇

实践课堂

错题巩固

第14题 (我的得分 0.0/满分 5.0，班级正确率 52.38%)

已知 $\cos^2\alpha - \sin^2\alpha = \frac{2}{3}$，$\alpha \in (0, \frac{\pi}{2})$，则 $\cos(2\alpha + \frac{\pi}{3})$ = _____

【错因分析】□ 审题错误 □ 概念模糊 □ 思路错误 □ 运算错误 □ 粗心大意 □ 其他

【变式练习】

14.1. (2018 · 江西省)

若 $\alpha \in (0, \frac{\pi}{2})$，$\cos(\frac{\pi}{4} - \alpha) = 2\sqrt{2}\cos 2\alpha$，则 $\sin 2\alpha$ = _____.

【巩固提升】

14.2. (2019 · 江西省)

已知 $\triangle ABC$，$AB = AC = 4$，$BC = 2$，点 D 为 AB 延长线上一点，$BD = 2$，连结 CD，则 $\triangle BDC$ 的面积是 _____，$\cos\angle BDC$ = _____.

第17题 (我的得分 5.0/满分 10.0，班级正确率 77.46%)

已知向量 $\vec{a} = (\sin\theta, 1)$，$\vec{b} = (1, \cos\theta)$，$-\frac{\pi}{2} < \theta < \frac{\pi}{2}$.

(1)若 $\vec{a} \perp \vec{b}$，求 θ；

(2)求 $|\vec{a} + \vec{b}|$ 的最大值.

【错因分析】□ 审题错误 □ 概念模糊 □ 思路错误 □ 运算错误 □ 粗心大意 □ 其他

【变式练习】

17.1. (2019 · 江西省)

已知向量 $\vec{a} = (\cos\frac{3x}{2}, \sin\frac{3x}{2})$，$\vec{b} = (\cos\frac{x}{2}, -\sin\frac{x}{2})$，$\vec{c} = (\sqrt{3}, -1)$，其中 $x \in \mathbf{R}$.

（Ⅰ）当 $\vec{a} \perp \vec{b}$ 时，求 x 值的集合；（Ⅱ）求 $|\vec{a} - \vec{c}|$ 的最大值。

17.2. (2015 · 江西省)

设向量 $\vec{a} = (\sqrt{3}\sin x, \sin x)$，$\vec{b} = (\cos x, \sin x)$，$x \in [0, \frac{\pi}{2}]$.

(1)若 $|\vec{a}| = |\vec{b}|$，求 x 的值；

(2)设函数 $f(x) = \vec{a} \cdot \vec{b}$，求 $f(x)$ 的最大值，并指出对应的 x 值。

图2 错题巩固

提出问题：

错题巩固是如何分析考试数据的？

学生活动：观看资料，思考问题并回答。

设计意图：这些都是日常生活中产生的数据，由此引出数据是无处不在的。

（二）学生自主探究

活动一：观看观鸟视频和观鸟时拍摄的照片，了解什么是观鸟活动

看视频的同时思考问题：

观鸟爱好者在观鸟（图3）过程中做了哪些事情？

图3 观鸟

师生共同总结获得数据的形式有哪些。

回答：数值、文本、图形、图像、视频等。

提问：数据就是数字吗？（引出数据的概念：什么是数据？）

答：数据就是对客观事物属性的描述，这些描述被记录下来，成为某种可以识别的符号，形成了数字、文本、图形、图像、声音、视频等形式的数据。

设计意图：本活动意在通过观鸟视频和照片了解什么是观鸟活动，观鸟可以用哪些方式记录，从而引出数据的基本表现形式。

活动二：观看朱鹮的数据图

朱鹮的数据图如图4所示。

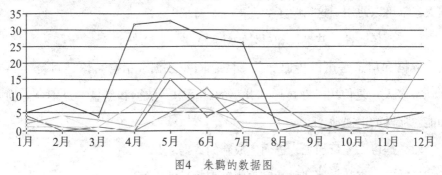

图4　朱鹮的数据图

提出问题：几月去看朱鹮最合适？

学生回答：五月去看朱鹮最合适。

引出概念：什么是信息？

学生回答：数据中所包含的意义就是信息。

信息（information）是数据进行加工的结果。把数据有组织、有规律地采集起来就形成了信息。数据一方面承载着信息，另一方面产生着信息。

设计意图：通过观察数据图，从中获得需要的信息，引出信息的概念。

活动三：打开"鸟类研究中的数据和信息"表格，填一填、说一说

（1）鸟类爱好者收集了哪些数据？

（2）鸟类爱好者从这些数据中获得了哪些信息？（表1）

表1　信息列表

观鸟中采集的数据	从数据中获得的信息
2021年9月18日7：00—7：30	什么时间观鸟
浙江省平湖中学	在什么地方观鸟
2目，3科，3种	看了多少种鸟
牛背鹭20	看到了20只叫牛背鹭的鸟

设计意图：通过从观鸟报告中收集有用的信息，理解什么是数据，什么是信息（信息是对数据的解释，具有主观性）。

活动四：请大家阅读课本9～10页"数据和信息"内容（5分钟）

打开表格"林地鸟类活动调查记录表"。

提问：该林地的野外数据采集工作是由多名工作人员共同完成的，但数据大家都可以使用。这反映了数据的什么特征？

回答：传递性、共享性和可处理性。

数据和信息是可以传递和共享的，同一数据或信息可以通过复制、传播，被多人重复使用。在传递和共享的过程中，数据和信息本身不会像物质和能源那样产生损耗。

对数据可以进行加工，进而生成新的数据。

活动五：打开文档"科学家采集鸟类数据的案例"

同一份研究报告，鸟类学家从中获得鸟类的生存状况与栖息地环境改变之间联系的信息，从而指导人们开展环境保护工作。

卫生防疫部门从中获得鸟类迁徙路线的相关信息，从而指导人们开展禽流感防护工作。

提问：这反映了数据和信息的什么特征？

回答：价值性、客观性和主观性。

数据和信息是有价值的。数据是被记录下来的 可以被识别的符号，是原始事实，具有客观性；信息是对数据的解释，是数据处理的结果，具有主观性。

学生应知道信息的价值因人而异。

设计意图：从真实的观鸟活动案例出发，让学生能够更加直观生动地理解数据和信息的特征。

（三）教师讲授

1. 通过问题导入

提问：路上随处可见的广告体现了信息的什么特性？

回答：普遍性。

数据是对客观事实的属性描述。事物是普遍存在的，因此，数据也无处不在，无时不有。

2. 展示天气预报的图片

天气预报示例如图5所示。

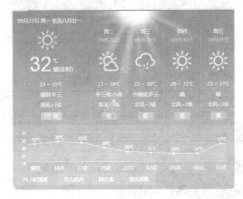

图5 天气预报示例

提问：这张图片体现了信息的什么特性？

回答：时效性。

3. 数据的载体性与信息的依附性

数据是信息的符号表示，是信息的载体，信息是数据的含义，是对数据的解释，两者密不可分。

信息必须依附于某种载体，通过某种数据形式才能存储、表达和传播；相同的信息，可以依附于不同的载体，其内容不会因载体形式的不同而发生变化。

4. 数据的孤立性与信息的联系性

林地鸟类活动调查记录表见表2。

下
篇

实践课堂

217

表2 林地鸟类活动调查记录表

种类	数量	栖息取食基层	行为
白头鹎	5	冠中上	鸣叫
黄眉柳莺	2	冠中上	觅食
黑鹎	9	冠上	飞行

（四）归纳总结

数据和信息的不同特征及相同特征。（表3）

表3 数据和信息的不同特征及相同特征

不同特征		相同特征
数据的载体性	信息的依附性	普遍性
数据的孤立性	信息的联系性	可处理性
数据的客观性	信息的主观性	传递性
		共享性
		价值相对性
		时效性

（五）教师讲授

数据、信息和知识的关系：

（1）从数据到信息，再到知识，是一个从低级到高级的认知过程。

（2）数据是信息和知识的来源。无论信息还是知识都来自数据，都是以数据为载体而存在的。

（3）信息是经过加工的数据，知识是经过人类归纳整理和反复验证后沉淀下来所呈现的规律。

（4）数据是加工知识、提炼信息的基础，能帮助人们理解信息。

（六）学生练习

请同学们在纸上画一画数据、信息与知识的关系。

请一个学生来黑板上画一画。

（七）归纳总结——数据、信息与知识的关系

数据、信息与知识之间不存在绝对的界限，三者有着千丝万缕的联系。

（八）拓展

组织学生选择一个观鸟网站，选择某一种类的鸟进行调查，然后制作一份演示文稿，向同学们介绍这种鸟，并说明这个网站提供了什么数据，自己从中得到了什么信息。（表现形式可以是文本、数字、图表、图形、图像、视频等）

【教学反思】

学生有一定的学习基础，对于什么是数据、什么是信息有很好的理解。从实例中出发，引导学生理解数据和信息的特征，在这一部分，具备较强信息意识的学生比较容易理解；对于信息意识弱的学生，在教学过程中，还应让他们自己多探索多实践，这样才能使他们更好地理解内容。

【课堂练习】

（一）选择题

1. 下列有关信息的描述，错误的是（　　　　）

A. 信息是数据的含义，是对数据的解释

B. 信息必须依附于某种载体，相同的信息可以依附于不同的载体

C. 获取信息后必须马上使用，否则信息就失去了价值

D. 数据无处不在，信息也无处不在、无时不有

2. 张兰收到了一条打折信息，上面注明的活动时间是从2022年1月1日至2022年8月30日，这体现了数据的（　　　　）

A. 载体依附性　　　　B. 时效性　　　　C. 传递性　　　　D. 共享性

3. 下列关于数据和信息关系的描述，错误的是（　　　　）

A. 数据具有可处理性，信息不具备可处理性

B. 数据和信息都具有普遍性

C. 信息是数据所包含的意义

D. 数据是信息的符号表示

下篇

实践课堂

4. 天气预报播报"今日温度-10℃"，妈妈看到后督促乐乐出门穿得厚一些，爸爸看到天气预报后赶紧把室外的花草移到室内。从这段描述中可以看出（　　　）

A. 数据的普遍性与信息的联系性　　　B. 数据的载体性与信息的依附性

C. 数据的孤立性与信息的联系性　　　D. 数据的客观性与信息的主观性

5. 小明在网上看到一款高科技产品——空气制水机，觉得很好奇，于是他查询了其制水的原理，和老师讨论该产品的制水条件，并将获得的信息分享给同学，这个过程主要体现了信息的（　　　）

A. 载体依附性　　　　　　　　　B. 传递性与共享性

C. 可处理性　　　　　　　　　　D. 价值相对性与时效性

（二）填空题

1. 观鸟爱好者通过长年累月的观察、记录、加工，分析候鸟出现的数据，得到候鸟生活习性的信息，这说明信息是对数据进行_____的结果。

2. 信息是经过_____加工得出的，_____是经过人类归纳整理和反复验证后沉淀下来所呈现的规律。

3. 信息依附于视频、音频、图形、图像等载体，同一信息所依附的载体可以是_____的，但信息的内容是_____的。

4. 数据在与其他数据之间没有建立联系之前，是_____的。只有通过对数据进行加工处理，与其他数据之间建立联系，才能形成针对某个特定问题的_____。

5. 信息无处不在，这说明信息具有_____。

6. 故宫中有一种特殊的报警装置——石海哨，当遇到火灾或者战事报警时，守卫便用三寸长的小铜角插入石海哨的小孔使劲吹，报警声就能响彻整个故宫。这说明信息必须依附于某种_____而存在。

7. 某批发商在给客户配货时，由于配货信息至少需24小时才能汇集到一起，这让批发商在配送货和补货上非常容易出现决策性的错误。这说明信息具有_____性。采用某大数据系统后，同等的数据信息传输从过去的24小时缩短到了1秒以内，几乎可以做到实时统计，从而很好地实现了哪里缺货送哪里，做到了及时补货送货，这体现了大数据_____的特征。

8. 电视剧《数字追凶》中，数学家会从一些常人看来毫不起眼的数据中推理分析出有用的信息，协助破案和缉凶，这说明信息具有_____。

9. 大数据的处理速度_____，且时效性要求_____。

（三）判断题

1. 数据是记录下来的某种可以识别的符号，甲骨文中部分文字无法释读，所以不是数据。（　　　）

2. 信息可以共享。（　　　）

3. 数据、信息与知识之间不存在绝对的界限。（　　　）

4. 信息和数据都有价值相对性和时效性。（　　　）

5. 信息来源于数据，但是知识并不来源于数据，它是学者们的经验总结。
（　　　）

参考答案：

（一）选择题

1. C　　　　2. B　　　　3. A　　　　4. C　　　　5. B

（二）填空题

1. 加工

2. 数据　知识

3. 不同　相同

4. 分散和孤立　信息

5. 普遍性

6. 载体

7. 时效　处理速度快

8. 可处理性

9. 快　高

（三）判断题

1. 错　　　2. 对　　　3. 对　　　4. 对　　　5. 错

下篇

实践课堂

参考文献

［1］中华人民共和国教育部.普通高中信息技术课程标准（2017年版2020年修订）［M］.北京：人民教育出版社，2020.

［2］张华.论学科核心素养——兼论信息时代的学科教育［J］.华东师范大学学报（教育科学版），2019，37（1）：55-65+166-167.

［3］连维锋.基于STEAM教育理念的高中信息技术项目教学研究［J］.高考，2022（5）：105-107.

［4］杨晓彬.STEAM理念下高中信息技术主题式教学设计与应用研究［D］.石家庄：河北师范大学，2021.

［3］邢慧卿.基于STEAM教育理念的高中生计算思维培养的教学研究——以高中Python课程为例［D］.哈尔滨：哈尔滨师范大学，2021.

［4］杨小刚.基于STEAM理念下的高中信息技术课堂教学问题研究［J］.文理导航（中旬），2021（5）：85-86.

［5］汤可心.基于STEAM教育理念的高中生信息知识建构能力研究［D］.哈尔滨：哈尔滨师范大学，2021.

［6］欧娜.基于STEAM教育理念的高中信息技术课程教学设计与实践研究——以"图像处理模块"为例［D］.兰州：西北师范大学，2020.

［7］熊恩来，熊蕾，杨教平，等.STEAM教育理念下的高中信息技术课堂教学［J］.西部素质教育，2020，6（10）：124-126.

［8］陈静.基于STEAM的高中信息技术课程项目设计研究［D］.哈尔滨：哈尔滨师范大学，2020.

［9］朱琳.高中信息技术新课程教学变化分析——来自市区级德育优秀课例的调研［J］.中国信息技术教育，2019（1）：22-23.

［10］黄泉发.浅析基于DIKW视野下高中信息技术新课程教学实施策略［J］.新课程（下），2018（10）：117.

［11］彭丽欧.DIKW视野下高中信息技术新课程教学实施策略［J］.软件导刊（教育技术），2018，17（6）：10-12.

［12］臧忠良.信息技术在高中化学新课程教学中的应用［J］.中国信息技术教育，2014（10）：163.

［13］任清泉.浅谈高中信息技术新课程教学策略的探究［J］.现代阅读（教育版），2013（1）：196.

［14］杨光.浅谈高中信息技术新课程教学策略的研究［J］.电子制作，2013（6）：177.

［15］张代清.信息技术环境下高中数学新课程教学的模式分析［J］.快乐阅读，2012（27）：19.

［16］李琦.信息技术化背景下高中数学新课程教学模式浅探［J］.中学生数理化（学研版），2012（7）：87.

［17］吴卫军.高中信息技术教学中开展小组合作学习初探［J］.科学咨询（科技·管理），2019（10）：120.

［18］陆梅.浅谈高中信息技术教学中的小组合作学习［J］.中学课程辅导（教师教育），2017（5）：87.

［19］杜清正.对高中信息技术教学中合作学习教学模式的运用分析［J］.文理导航（上旬），2016（8）：90.

［20］王友勤.高中信息技术教学中的合作学习策略探讨［J］.课程教育研究，2016（14）：156.

［21］高燕红.小组合作学习模式在高中信息技术教学中的应用探究［J］.亚太教育，2016（13）：74.

［22］毕春苗.高中信息技术教学中合作学习的有效性探究［J］.课程·教材·教法，2011，31（11）：92-95.

参考文献

223

［23］韩娟. 新课标背景下高中信息技术课教学研究［J］. 新课程（教育学术），2010（8）：245.

［24］孙亮. 多元评价法在高中信息技术教学中的应用［J］. 计算机与网络，2021，47（16）：41.

［25］陈广明，姒依萍. 高校在线课程的多元评价体系建设研究［J］. 宁波职业技术学院学报，2021，25（1）：85-88+104.

［26］高华. 多元评价法在信息技术教学中应用分析［J］. 计算机产品与流通，2020（10）：29.

［27］阳树铭. 校企合作背景下信息技术课程多元评价研究［J］. 电脑与信息技术，2020，28（4）：64-66.

［28］程培莉. 信息技术环境下大学英语学习的多元评价体系探究［J］. 教育现代化，2020，7（34）：121-124+152.

［29］胡敬花. 高中信息技术课程多元评价方案研究［J］. 科技视界，2015（13）：212-213.